〔日〕三浦展 著

陶小军 张永亮 译

# 逃离消费主义

极简主义者的崛起

人民东方出版传媒
People's Oriental Publishing & Media

东方出版社
The Oriental Press

# 前言

我的工作是分析社会的动向、消费的动向和城市的动向。在之前的 30 多年间，为了分析这些动向，我创造了很多关键词（Keywords）和复合词，都写在了我的书里。

我写过不少书，全都读过的人应该不多。我碰见不少人跟我说：三浦先生您的书我尽可能去读了，但还是赶不上读啊。而在我的这些书中出现的关键词，有很多人是不知道的。

在这些关键词中，有些词语至今尚在使用，并发挥着作用。不，应该说一些关键词只有现在才能使用。因为我所谓的关键词都有前瞻性的特点，更普遍的说法是有预言性，因为它可以预测时代。所以现在读来，常常让人觉得刚好能明白。

本书决定在这些关键词中选择过去 10 年到 15 年受到好评的词语集合成册，包括让人叫好的关键词、令人恍然大悟的词组等。另外，本书还加入了一些第一次提出的新词语。

然后，本书不光收录了我创造的关键词，还对我个人关注的一些关键词进行了解读。此外，本书还收录了自 2015 年春天至今 NHK 广播公司在节目《社会的看法、我的视点》中提到的一些词语。常听广播的各位也请一定读读此书。

我暂且把关键词按照"消费""一代人""少子高龄化""家庭""城市"这一分类进行整理。虽然根据主题进行了整理，但大家也可以从自己喜欢的地方开始阅读。

当一个关键词和另一个关键词有关系的时候，为了便于理解这种关系，我会用 **(→黑体)** 的形式来引导。

另外，对于没有单独列出却又非常重要的关键词，也用**黑体**表示。我还列出了与关键词相关的参考文献。大家通过阅读参考文献，会进一步加深对关键词的理解。

通观全书，大家会强烈地感到时代的逆转。曾经认为好的东西现在变得不好了，曾经认为不好的东西现在变得好起来；新事物变陈旧了，旧事物又焕发了新的魅力。好像现在到处都在发生这种逆转现象。并且，我觉得这种微小却有意义的变化大多是相互关联的，它正在孕育着新的社会和新的生活。

　　我写这本书不仅是针对商业人士，还想写给那些关心年轻人、家庭、城市的现在和未来的人，以及关心全世界的人，希望你们读起来会觉得轻松，觉得有意思。我想这本书有些内容特别有利于学生和刚步入社会的人对事物的看法。祝大家阅读愉快。

# 目录
CONTENTS

目录

# 1

# 消费行为的变化

# 从"快乐"到"高兴"①

　　我认为经济的景气绝不仅仅是钱的问题。日语中"景气"的"景"是光景的"景"，仅"销售额上涨、工资变高"，并不等于"景气转好"。所谓景气转好，应该意味着每个人的"光景"都有所好转，不是吗？

　　我认为，经济景气不可或缺的要素就是，无论老年人还是单亲妈妈，都活得很快乐。这也将成为今后经济景气的指标。

　　日本泡沫经济②的时代就是如此，人们即使有钱也会感到

---

　　①"快乐"和"高兴"的日语分别是"楽しい"和"うれしい"，这两个日语单词都可以表示开心的意思，不过在日语中是有区别的，前者表示一种持久的心情，表现在一系列事情的过程中；而后者表示一时的感情，凸显遇见某一件事时的感觉。在这里分别翻译成"快乐"和"高兴"，以便区分。亦可以参照《南怀瑾选集（典藏版）：第三卷》（上海：复旦大学出版社，2013年3月，第529页）。——译者注

　　②日本泡沫经济：指日本在20世纪80年代后期到90年代初期出现的一种经济现象，一般认为是从1986年12月到1991年2月之间4年零3个月的时期。——译者注

孤独寂寞。具有象征性的是，奥姆真理教①的骨干同时也是日本泡沫经济时代的一代人。

媒体在解说日本泡沫经济的时候，总是会放映"朱丽安娜东京"②的画面，而另一方面，很多人却因为地价飞涨、买不了房而感到苦恼，有很多人适应不了这样一个消费社会。

人们基本上会把钱花在他们认为有意义的事情上。所以，只有当他们遇到和以前不同的事情，觉得"这样做会高兴"时，才会舍得花钱。

如今，人们都在思考如何在不花钱的情况下获得幸福。例如，不再筹资还房贷，而是低价买一个二手房并进行翻新（Renovation）；或者减少在外吃饭的次数，把各自带着吃食的朋友叫到家里来，等等。甚至还有个城市规划案例是为陌生人建造一条街，以供他们彼此带上食物一起享用。**(→新邻里**

---

① 奥姆真理教：由松本智津夫于 1985 年创立，最初起名为"奥姆神仙会"。奥姆真理教的教名来源于梵语的一个字母，其发音近似于"奥姆"，英文的写法是 AUM。印度教徒念经时，常常以这个字母开头。1996 年，日本政府解散了该组织。——译者注

② 朱丽安娜东京：Juliana's Tokyo，是由日本和英国出资建设的迪斯科场所，曾经是日本 20 世纪 90 年代初东京滨水的象征。——译者注

**关系**）。

看一下这样做的人的表情，就会发现他们有多快活。然而，那些今后要面临行业萎缩的人，就打不起精神来了。

我们有必要去考虑现在什么会让消费者高兴。并且，重要的是要去思考"快乐"和"高兴"之间的区别。这两个单词很相似，但是语感稍有不同。例如说，"今天遇到三浦先生很快乐"和"今天遇到三浦先生很高兴"，这两句话就稍有不同。

快乐肯定是说，一起去了一家好店，吃了好吃的东西，或者交谈得很起劲之类；而高兴则是说，店铺和饭菜当然都很好，但更好的是能够相见的心情，仅此就提高了对三浦这个人的关心程度。所以，当被人说"今天能遇到三浦先生很高兴"，我也会更高兴的。

在日本泡沫经济时代，有很多令人快乐的事情，但是有没有很多令人高兴的事情，我就不知道了。近年来，经济越来越不景气，令人快乐的事情可能也不多了。但是我想，正因为如此，人们才会不断地去寻找令人高兴的事情。

# 第四消费

回顾过去 100 多年来日本消费社会的历史，我认为现在的日本处于第四阶段。

第一消费社会是从大正到昭和时代 ① 开始的。现代中产阶级的生活方式的原型就在这一时期：白领们在市中心上班，住在郊区，去枢纽车站的百货店买东西，休息就去沿线的游乐园逛逛。

第二消费社会始于"二战"后，是在这些中产阶级的生活一下子大众化之后形成的社会。其原理是生产和消费的大量化，消费者买东西的时候不特意追求商品的个性，也不讲究设计。这个时期，大家只要和邻居有同样的东西就好了。

并且，普遍的情况是置换的物品越来越大 **（→从自我扩张感到自我肯定感）**。例如，最初买的车是斯巴鲁 360，接着是

---

① 大正元年为 1912 年，昭和元年为 1926 年。——译者注

丰田大众，然后是卡罗拉、可乐娜、皇冠，最后换成了奔驰；电视从最初的 14 英寸，渐渐换成了 21 英寸、28 英寸。这个时期，经济在增长，基本工资也提高了 20%，还会定期加薪，并且越来越高，所以置换的物品当然会越来越大。

第二消费社会的另一个特征是以家庭为中心进行消费。随着核心家庭 ① 化的推进和孩子的成长，年轻的家庭在置换物品的时候，必然会把汽车和房子越换越大。这样就导致了经济的螺旋式增长。

但是，从 20 世纪 70 年代后半叶开始，日本便进入了第三消费社会，它对一致性的消费行为有很大的冲击。越来越多的人开始尝试更有个性的消费。

另外，在第二消费社会的时期，每家都有一台家电和一辆汽车，并认为这是理所当然的事情，但是市场逐渐开始饱和，于是制造商希望每家都能买上几台。除客厅外，还想让他们在卧室和孩子的房间都安装上电视，也想让电话安装上分机，汽

---

① 核心家庭：英语是 "Nuclear Family"，典型的情况是只由夫妻俩及其未婚子女组成的家庭，是由美国人类学家默多克创造的词。——译者注

车分成父亲的高尔夫用车和母亲的购物用车，音响分成用于在会客室听古典音乐的和儿子听摇滚的迷你型，等等。制造商通过这种形式来刺激消费者的消费欲，让每个家庭把数量增加到2辆、3辆……

而第三消费社会的特征是品牌倾向。因为，父母那一代和子女这一代想要的设计和品牌有所不同。此外，同一代人也越来越希望和别人有所不同，大家都在追求设计和品牌的个性化。

但是，这种个性化、多样化、差异化、品牌化的第三消费社会，到了21世纪也饱和了。基本上每家都有几辆汽车、家电和电话，或者人均一台。于是，日本萌生了不必拥有自己专属东西的价值观。这是第四消费社会的发端。

一言以蔽之，第四消费社会摆脱了物质上的丰富性。这提高了人们的非物质性意愿，希望彼此之间进行交流、形成社区**（→社区便利点、社区流动公车、共享街区）**，也希望从完全私有变成共有和共同使用**（→共享）**，还体现了人们对生态型生活的向往。

人们对品牌的讲究程度也变低了。全身穿着优衣库觉得很舒服的人变多了，他们认为物品和自己的个性无关，物品可以是量产的商品。整个生活从豪华奢侈变为简单的人越来越多（→**简单一族**）。

人们对简单生活的追求，导致了大家对日本传统生活方式的再次认可（参照三浦展《爱国消费》）。这是因为日本在经济高速增长之前，其生活方式是与自然共存、不浪费能源的生态型生活。越来越多的人被这种简单生活方式吸引，这也是第四消费社会的特征。

# 共享

现代消费社会，从扩大私有领域的阶段发展到缩小私有领域、增加共享领域的阶段**（→第四消费）**。东西能租就租，能共有就共有。

特别是消费社会的最大商品——住宅和汽车，人们愿意把自家的拿出来共享。现在已经到了这样一个时代：大家可以一辈子租房，住共享房（Share House），而不选择单间公寓，出行可以选择共享汽车**（→社区流动公车）**。

现在还出现了这样一种动向：将闲置的房子改造一下，共享给家人以外的当地居民使用，把整个街区拥有的各种功能共享出来**（→新邻里关系、共享城、共享街区）**。或者，每个人把自己的技能拿出来交换，也是一种共享**（→事事交换和存储时间）**。我一直在想，如果整个社会变成这样一种共享社会就好了。

最近，我总在说"共享、共享"的，于是有一位大型汽车厂商对我说：

"你净说共享，我们的车都卖不出去了。"

但是，我听说这个人在公司内部传阅过我的书。这就是共享的行为啊！

而我更希望他不要传阅我这本 700 日元左右的新书，而是每个人买上一本（笑）。这家公司的汽车售价高达 700 万日元呐。我认为共享 700 万日元的车、私有 700 日元的新书，更具有经济合理性，你看怎么样？

拥有数千本书，建个书房，或者拥有数千张密纹唱片，买个 LP 机听，对于许多人来说，已经构成了一个趣味世界。像这样，拥有高档汽车并且存放在车库的行为，也会在不久的将来成为一个趣味世界吧。

## 简单一族

拥有不太多的物品，在房间里只摆放喜欢的物品，而且尽可能地使用天然物品——有着这样生活方式的人正在增多。我把这些人命名为简单一族。最近好像也有**极简主义者（Minimalist）**这一说法。Minimal 是最小限度的意思，所以极简主义者大概就是只拥有必要的最小限度的东西来生活的人吧**（→四张半榻榻米新生活）**。

这种倾向好像越来越严重。去书店看一看，就会发现《我们已经不需要物品了：从断舍离到极简主义者》《大家的无欲生活日记》《少物品的畅快生活》《某个极简主义者的物语——我扔掉多余之物，直到重拾人生》《最小限度主义：从"大"到"小"——扔掉东西，开始"极简主义"生活》《扔掉衣服可见幸福——每天让心情变好的"整理"课程》之类的书，有数十种之多。关于极简主义者的书特别多！那些以极简主义为

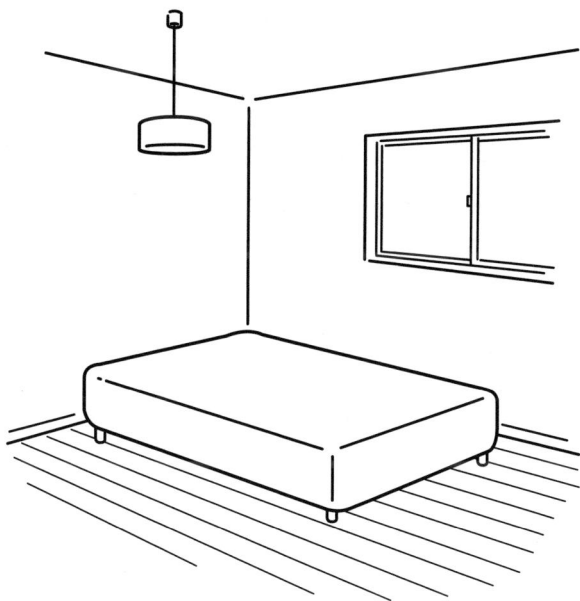

目标的人，在房间里摆放一堆这样的书，想来总让人感到有点矛盾。

其中有一本叫《和无印良品一起开始极简主义生活》的书，什么啊？结果，还是让我们买东西，让人忍不住"吐槽"。有的书上印着家无余物、尽显贫寒的房间照片；还有的书上提议不要用电视机，用像护目镜一样的设备看视频，但是这看上去应该是极客①（机器宅）的生活吧。

简单一族、极简主义者确实有这些情况，我就先"吐槽"这么多。东西很少却能感到富足才是真正的简单一族。这与日本泡沫经济时代之前，东西的数量和尺寸都很奢侈的生活方式比起来，大不相同。智能手机的普及，使得电视、收音机、立体声音响，或许连电脑都变得不再需要，也让无需多余物品的简单生活成为可能。很早以前就有人说过，便利店会让冰箱和微波炉无用武之地。

但是，我不会把在便利店解决吃饭问题的人定义为简单一族。简单一族是这样一类人：他们使用天然食品，认真做饭，不使用合成洗涤剂，用天然成分的洗涤剂打扫卫生、洗东西，吸取传统生活中的优点，不开空调，洒水降温，不追捧新产品，使用爸爸妈妈或爷爷奶奶留下来的东西，并对这些东西心怀感念，长年坚持使用。总之，他们不是单纯地扔掉没用的东西而过着无趣生活的人。

---

① 极客：美国俚语"Geek"的音译。用于形容对计算机和网络技术有狂热兴趣并投入大量时间钻研的人。——译者注

# 每天穿同款衣服的时代

已故的苹果公司创始人**史蒂夫·乔布斯**（Steve Jobs）总是穿着同样的衣服：三宅一生设计的黑色高领毛衣和破旧的牛仔裤。

有观点认为，服装是个人特征的体现。乔布斯的特征标签有很多，黑色高领毛衣就是他的服装标签，他是一个技术宅①，但据说他本人只不过是想把选择穿什么衣服的时间用在工作上而已。

在日本，知名的经营者或者经营顾问也是每天穿着同样的衣服。很多人的袜子也都是完全一样的，左右脚上一律都是黑色的袜子。

经营者和经营顾问，每天都要做出很多重要的决策。所以，不想浪费时间去决定每天穿什么衣服，更何况是袜子。

经营者每天真的要做那么多重大决策吗？据说比尔·盖茨（Bill Gates）每天会收到3000封邮件，假如对每一封邮件都要做出相应决策，这真的很辛苦啊。袜子、领带、衬衫以及如何搭配什么的，是没有时间去考虑的吧。确实，像没有任何图案的黑色袜子，就算闭着眼睛也能穿上。衣服也是一样，如果决定好了就穿白衬衫、牛仔裤和藏青色夹克，那

---

① 技术宅：又称科技宅，日语是"パソコンおたく"，指善于钻研各种知识和技术而忽略社交的人。——译者注

么就没有什么考虑的必要了。这么说来，经营顾问大前研一基本上也是总穿着立领的衬衫。

反过来说，每天穿着不同颜色的衬衫、夹克、袜子，打着不同颜色领带的人，可能是完全不用做什么决策、很是轻闲的人。但是我并不认同这种说法，他们还是因为喜欢时尚。

基于此，在现在这个时代，比起每天穿的衣服换了又换的人来说，每天穿同样衣服的人更精致、更酷、更有超凡的魅力。换句话说，这是一个不买东西的人反而常常显得更精致、更酷的时代。虽然消费不景气的最大原因是收入减少，但是高收入的人不去轻易地买东西，也是导致消费萎靡的一个原因。

编剧兼随笔作家向田邦子已经去世36年了，然而现在还在大量出版关于她的书。她展现出来的职场女性的知性、坚强和精于打扮的特点，大概是其人气旺盛的原因吧。据说她从45岁之后也开始只穿同样的普通衣服了。例如，她发现一件棉毛衫，虽然样式随意，但是穿起来方便，拍成照片后，倒也魅力非凡，于是就一口气买下了店里所有不同颜色的同款棉毛衫。她无疑是每天穿同样衣服却显得精致的先驱。

统率现代最具人气的设计公司 NENDO 的佐藤大，据说也多是每天穿着同样的白色衬衫。他一开始是为了理解客户的品牌而尝试穿穿看的，穿着穿着就喜欢上了，于是就买了 20 件同样的衬衫，等他回过神来，发现自己还买了 4 双同样的鞋子。物品的种类很少，但是数量一直在增加。佐藤说，这并不是一种讲究，也不是收藏癖好，而是这么做能让自己安心。

但是需要注意的是，这和每天穿着深灰色西装去公司的人好像完全不是一回事。

# 取消信用卡

我以前在 PARCO 百货公司工作，所以常常被人说，在日本泡沫经济时代想必赚了很多钱吧。在日本泡沫经济时代以前，PARCO 有过一段非常景气的时期，都被叫成了"PARCO 独享的泡沫经济"。但是，在日本泡沫经济时代，PARCO 的销售额却一直停滞不前。因为在日本泡沫经济时代，人们都去海外旅行了，到巴黎等地购买奢侈品，已经没有人在 PARCO 购物了。所以，在日本泡沫经济时代，PARCO 从来没有发过那么多的奖金，是有人把"帕可时期"和"泡沫经济时代"这两个词混为一谈，搞错了。[①]

虽然这么说，但是在日本泡沫经济时代，我也有点心醉神迷，成为高级信用卡的会员。听说拿着这种年费 1 万日元

---

①"帕可"和"泡沫经济"这两个词在日语中的发音相似，分别是パルコ和バブル，所以很容易混淆。——译者注

以上的卡，就可以在欧洲随意租借直升机了。我轻信了这种广告。

当然，我一次都没有租过直升机，几年后就取消了那张卡。多半是因为我的住房贷款负担变大了。

从那以后，我还取消了信用卡的循环信用和取现功能。因为从我进入三菱综合研究所，从事与信用卡公司相关的工作后，发现这种循环信用和取现的利息非常高，而这正是信用卡公司获利的来源。

最近，我还取消了百货商店的会员卡。虽然我以前经常在那家百货商店购物，但是觉得今后应该不会再这么买了吧。前几天，我在自家附近的一家炸猪排店吃饭，碰见一个大概属于团块世代①的男人，他正在和店老板闲聊。他说，自己有一张某个百货商店的会员卡，但是用不着，就取消了。我现在只留有不需要会员费且永久有效的积分卡、某家电销售店的卡和出

---

① 团块世代：日语为"团块世代"。指像结成"团块"一样稠密的一代人。是对 1947—1979 年日本出生的一代人的形象化描述，这段时间日本出现了"二战"后的第一次婴儿潮。他们的孩子被称为"团块二代"（日语：团块ジュニア）。——译者注

差用的日本铁路（JR）交通卡。个人认为，不仅是我，会有越来越多的人取消各种卡吧。

调查了一般社团法人日本信用协会的统计情况后发现，2010 年年末，日本有 2.4547 亿人签订了会员合同，到 2013 年年末减少到了 2.2781 亿；2009 年 3 月末发行了 2.7261 亿张信用卡，到 2015 年 3 月末减少到了 2.589 亿张。停用信用卡的人还在增加。现在大多数人不会因为有点好处就想办卡了吧（**→简单一族**）。

# 从更美生活到个人最美生活：威基伍德陶瓷在日本会被舍弃吗？

不用说，战后日本生活方式的原型是美国。生活中要有带草坪庭院的独栋住宅，私家车，家电齐全的房子，单间、床、椅子和桌子，冰箱里要装满丰富的食材。在 20 世纪 70 年代以前，这些美式的生活方式，都曾是日本人的目标。

美国那个时代的生活被称为**"美好生活"**（Good Life），而日本大致在 20 世纪 70 年代，就基本实现了这种生活。之后，日本人开始追求"更美生活"（Better Life）。80 年代，日本人的目标是**提高档次**，生活再好一点、再富裕一点、汽车再高级一点、住宅再现代一点，等等。

而追求更美生活的主要人群，是当时有三四十岁的团块世代。这个群体人数众多，志向从美好生活向更美生活转变，所以产生了一个巨大的市场（我将这个时代称为第三消费社会）。

至于要说追求更美生活的结果是什么，那就是在全日本团块世代的餐具橱柜里，摆满了威基伍德（Wedgwood）陶瓷、皇家哥本哈根（Royal Copenhagen）瓷器、意大利基诺里（Ginori）的杯碟。这些都是在海外旅行时或在平行进口<sup>①</sup>商店购买的东西。在团块世代的餐具橱柜里，基本上都会有三套以上名牌杯碟。

所以我很担心，如果女性团块世代去世了，那整个日本到底会有几十万套杯碟成为遗物呢？她们的女儿不一定会继承她们的兴趣，也不一定会把这些传承下去，即便想卖，但是同样的杯碟有几十万套，旧货店应该也不会回收，最后就只好当垃圾处理了吧。这些名牌杯碟将会在梦岛<sup>②</sup>之上堆积如山。

这些暂且不提，我曾经反复说过，与团块世代追求更美生活相比，他们的孩子们（团块二代）则是在追求"个人最美生活"（My Best Life），而不是"最美生活"（the Best Life）。也

---

① 平行进口：Parallel Imports。是指商标所有人投放海外市场的合法产品由他人在未经商标所有人同意的情况下，进口到本国市场的行为。由于这种未经许可的进口往往与正式许可的进口平行，故被称为平行进口。——译者注

② 梦岛：东京湾填埋垃圾的地方。——译者注

就是说，这不是追求任何人都最美的时代，而是一个追求对每个人自己本身而言最美的时代。换言之，也可以说是在追求**自我最佳化**：追求对自己来说最佳、最舒适、最合适、让自己开心的东西；或者是把现成的产品**定制成**（Customize）适合于自己的东西。

当然，以前就有汽车狂热爱好者改造自己的汽车，装上很讲究、个性的选装零件。随处能看到这种行为和消费方式的时代，就是一个追求自我最佳化的时代。

再比如住宅，越来越多的人也不再是买新建楼房住，而是买二手房**翻新**后再入住。这也是追求自我最佳化的体现。好像改造（Remake）旧衣服和旧家具的人也在增加。听说还有把优衣库的衣服买来重做的人。在受年轻人喜爱的 SNS（Social Network Service：社交网络服务）——照片墙（Instagram）上，会找到很多这种翻新物品的照片。

不过，女性团块世代的女儿们（团块二代），大都不再使用这些大批量而没有个性的杯碟了，虽然它们都是名牌。怎么说呢？她们都去买日本风格的原创产品和名家制作的产品了。

这种**和志向**（对日本风格的追求），是第四消费社会的特征（**→ 第四消费**）。

　　这种日本风热潮总有一天会结束的吧？但是我认为西洋风不会卷土重来，也许会流行其他的东西，既不是西洋风也不是日本风。但是因为亚洲、非洲、中南美洲等各个国家的东西都曾进入过日本，所以我认为不会流行其中的任何一种。

　　这样一来，日本就会产生这些国家的综合文化，甚至是混有数字化风格的**大折中文化**。外国观光游客会增加，移民会略微增多，虚拟化的物品也会越来越多。想一想这些，大家就会预见到我说的是正确的。

　　而在美好生活、更美生活、个人最美生活等概念中，囊括不了这种大折中文化。

# 从自我扩张感到自我肯定感

我在十几年前就指出过，和**从更美生活到个人最美生活**这一转变对应的是，当今年轻一代的价值观存在"从自我扩张感到自我肯定感"的变化。

所谓自我扩张感，就像置换更高级、性能更好的汽车，买更大的冰箱和电视一样，通过买更大、更高级的东西，从而让自己感到个性也在扩张。从这种自我扩张感中感受喜悦，曾经是日本经济高速发展时期到泡沫经济时代日本人的价值观。"大就是好"或者"你总有一天会开上皇冠"之类的广告，正是充满这种自我扩张感时代的代表。

但是日本泡沫经济崩溃以后，这种自我扩张型的价值观在衰退，转而兴起的是追求自我肯定感的价值观。最近，在学生指导和新进员工培训等领域，人们开始呼吁培养这种自我肯定感的重要性。

　　简单来说，就是"在表扬中成长"，它的思路是通过表扬和肯定，让被表扬的人实现自我肯定，积极向上。

　　在充满自我扩张感的时期，即便不被表扬，也可以感受到自己在扩张，甚至膨胀，所以在指导别人时，与其表扬和肯定，倒不如去贬低和否定。在这一时期，普遍认为，说你不行，指责你什么都不是，才会让人成长得更好。

　　当今时代，如果说别人不行，就会被控诉说你滥用职权、以大欺小。我就此问过一个大学教师，听他说，即使对学生说"你的成绩再这样下去，会毕不了业的"，也会被认为是滥用职权、以大欺小。好像必须处处小心，表扬学生，还要给他们需要的分数。他不想费这个事儿，如此劳心伤神，这是他最终选择不做大学教师的最大因素。

　　这些暂且不提，在市场营销中，我们还必须应对追求这种自我肯定感的年轻一代（包含 45 岁以内的人）。在自我肯定感时期，连汽车都要是丰田以前的 Funcargo、日产的 Cube、铃木的 Lapan 之类的吧（我曾经稍微参与过这些汽车的市场推广工作）。总之，这些车都是驾驶舒适、令人愉悦的。

我在《下流社会的营销》一书中写过，在 1968 年之前出生的人中，"不想输给别人"的人比"想要悠闲生活"的人多得多。但是，在 20 世纪 70 年代之后出生的人中，"想要悠闲生活"的人比"不想输给别人"的人要多得多，正好反过来了（NHK 放送文化研究所《NHK 初中生·高中生的生活和意识调查·2012》）。

不想输给别人的人驾驶的汽车是什么样的？是跑车，是比别人跑得快的汽车。实际上，在 1968 年前后出生的男人极力推崇的汽车当中，就有丰田的 Supra。它发售于 1968 年出生的人 18 岁的时候。

另一方面，想要悠闲生活的人所驾驶的汽车，是先前提到的 Funcargo、Cube 和 Lapan 之类的，被认为时速可能都不超过 80km（实际上会更快一些）。因为他们认为，按照自己的节奏和自己最好的速度驾驶才是重要的，哪怕输给别人，抑或比别人慢都可以。

汽车生产商不明白这是怎么回事。不是因为他们没有看NHK 放送文化研究所的报告，而是因为这些汽车生产商，原本就是不想输给别人的人，丰田的人尤其如此。即便是年轻的一代人，也都是不想输给别人、努力学习、应聘进入丰田的。他们进入公司后，每天都在拼命工作，立誓不输给本田，挤掉日产。所以，他们自己无法相信，世界上会有人认为输给别人也没关系。他们没有发现，在同样是年轻人的群体之中，自己的价值观已然属于少数派了。

# 自主参与性

不是被动地受制于机器或身外之物，而是要自己积极主动地去推动事物的进展，我把这种态度命名为"自主参与性"。

在当代，各种机械化、IT 化的原因，人们将很多事情都交给了机器和电脑来做，并能轻易完成。购物也是如此，在网上点击一下，就可以送货到家。同样，音乐和电影也是动动鼠标即可下载。所以说，这是一个任何事情交由他物即能完成的时代。

但是，也有人对此表示不满，他们追求自己亲手去做的实感。还有人表示，被动接受难以令人满足，所以希望能亲自参与其中。

最近，密纹唱片重新受到人们的追捧。我们明明处于在手机上就能随意下载歌曲的时代，但还是有人特地去买二手的密纹唱片、LP 机、扩音器和音响。网上下载的音乐没有杂音，而密纹唱片有杂音，唱盘也容易受损，10 张唱片重量已经很重了，还占地方，有诸多不便之处。

　　然而买密纹唱片的人反而增多了，这是为什么呢？原因之一就是比起数字音乐来，密纹唱片播放出来的声音更加优美柔和，不会让人感到疲劳。还有就是，唱片的损伤和杂音，反而更能让人静下心来，令人难以忘怀。

　　不仅如此，把密纹唱片从封套里取出来，放在 LP 机上，

擦拭灰尘，然后把唱针放下来……这一系列的操作很是令人愉悦。人们很享受自己主动参与播放并聆听音乐的实感。也可以说，这就像直接喝瓶装茶，和自己认真按照步骤烧水、放入茶叶，再品茶，给人的感觉是不一样的。这就是所谓的自主参与性，从自己参与其中的实感中得到满足。

这么说来，最近亲手做味噌汤的人也变多了。他们经常在咖啡店之类的场所举办如何做好味噌汤的分享会。虽说是照着教程做，但毕竟是自己亲手去做的，这就是价值所在。

以前，在手机刚普及的时候，很流行在手机上涂鸦、贴画、挂饰品等。这是因为手机本身的样式相似，没有个性。所以人们让自己参与进来，让它变成自己的专属。

开车方面也是如此，有人不喜欢自动挡，喜欢手动挡，这也是因为自主参与性。现在，汽车产业都在追求驾驶自动化，但是能够自动驾驶的汽车完全没了驾驶的乐趣。虽然自动驾驶对被收回驾照的老年人和对开车没有自信的人来说正好合适，但开车的乐趣也会消失吧。

现在，比起汽车来，自行车更受人欢迎。可以说，这也是因为骑自行车时，人们的自主参与性更高。自己骑车的实感会更强。而且，自行车的颜色和外观有很多选择，还可以安装各种零件，车座、把手、后视镜、车铃和车灯都可以根据自己的喜好来选择。这些都与尽是被规则限制而不自由的汽车完全不同。正因为如此，自行车才受人欢迎。虽然也有自行车比汽车更环保、更便宜的原因，但人们的自主参与性才是骑自行车的真正乐趣所在。

然而，为什么大多数日本制造商要制造无法让人自主参与的东西呢？他们的想法是，希望消费者直接使用已经制造完成的商品。因此，就刚才提到的手机而言，制造商绞尽脑汁想的是，如何制造出具有强悍功能和出色设计的手机来。当智能手机出现的时候，传统手机就被挤出了市场。这让曾经制造传统手机的公司完全失去了利润空间。

智能手机虽然是出色的成品，但是却给人们保留了自主参与的余地。它一摔就坏，于是一种想法就应运而生，把它装在自己喜欢的手机壳里，还可以起到保护的作用。人们还可以安装自己喜欢的 App，而不是所有东西都要按照制造商设计好的。这给消费者留下了自主参与的余地，这一点与现代消费者的观念相吻合。

日本制造商热衷于制造完美无缺的商品，这就无法给消费者留有自主参与的余地。他们想制造的是大象也踩不坏的商品，轻视那些更有感官享受、色彩更艳丽、拨号音更有趣、手感更舒适的东西。

最近的城市开发也是如此。人们想把一切都开发殆尽，不留余地。这样的确会让城市街道更便捷，但也会变得让人感到了无生趣。

# 从提高档次到降低档次

20 世纪 80 年代，我在还是一名市场营销杂志编辑的时候就说过，80 年代后半期的日本泡沫经济时代，市场营销的关键词之一是**提高档次**，即，想过比现在更有档次的生活，买更多的东西。

在日本经济高速增长时期，就像广告给人们的印象是"越大越好""隔壁的汽车看上去太小了"等一样，人们认为幸福就是要换更大、更高级的汽车和电视。

20 世纪 80 年代，日本经济的高速增长已宣告终结，处于经济的低速增长阶段，然而到了日本泡沫经济时代，人们在经济高速增长时期的情绪得以重燃，消费欲望在扩大，都想买更大屏幕的电视、更高级的汽车和更大的房子。这就是"提高档次"这个词的具体体现。

然而，日本泡沫经济破裂了，股价下跌，地价也下跌，尽管如此，还是有人不以为然，认为总有一天会上升的。结果，1997年山一证券破产了。从那以后，消费自然也越来越萎缩。通货紧缩的时代来临了。

与此同时，在1998年之后，20世纪70年代出生的团块二代已经高中毕业，进入大学，或者步入社会了。这一代人成长于已经完成中产阶级转型的20世纪70年代的战后日本。因此，他们从出生开始家庭生活水平就不差，很多人家里的家电齐全，也拥有私家车和私有住宅。所以，越来越多的人不太有进一步提高生活水平、提高档次的想法。

而到了20世纪90年代以后，人们的环保意识增强了。与环保相关的运动从20世纪70年代初就开展推广了，我们或许更应该说，它是在90年代得以重燃的。由于这种环保意识的增强，购买大物件被认为是违背环保意识的行为，因此，人们会产生一种罪恶感。

这样一来，由于经济下滑、出生于中产阶级家庭的团块二代步入社会，以及环保意识的增强，消费行为从提高档次转向了**降低档次**。

但是，降低档次并不代表着消极意义，它标志着出现了一种新的价值观：降低档次反而更棒 **(→从更美生活到个人最美生活、从自我扩张感到自我肯定感)**。

人们开始认为，把大汽车换成小汽车，或者尽可能换成混合动力汽车，会更帅气。好莱坞著名演员莱昂纳多·迪卡普里奥，去参加 2005 年奥斯卡颁奖典礼的时候，乘坐的就是普锐斯（Prius）牌混合动力汽车，这在当时还成为社会话题。从那以后，日本市场上主要的销售汽车变成了小型汽车和轻型汽车（当然，老年人群的增加也加速了这一变化）。

# 大众文化的资源化

　　我想出这个词是在 1992 年，已经相当早了，却道出了之后的日本文化现状。

　　所谓大众文化，往往是指流行一时的文化。特别是从战后到昭和时代结束之前，各种新兴文化层出不穷，但又转瞬即逝。不过，从昭和末期开始大众文化出现了变化，曾经的大众文化出现了再一次复兴的动向。

　　对我来说印象深刻的是，森高千里翻唱了南沙织的《17岁》。《17 岁》是 1971 年发行的歌曲，森高的翻唱是在 1989 年，已经相隔了 18 年。对森高来说，这是他隐隐约约记得的小时候听过的一首歌，但森高的翻唱完全没有违和感，不会让人觉得是一首老歌，听不出怀旧的味道。

　　这种倾向在 20 世纪 90 年代以后变得更加显著。2005年，德永英明翻唱过一些女艺人的歌曲，并把它们收录在专辑

*Vocalist* 里发售，这之后他又出了四张翻唱专辑。

与其说现在是一个即使完全没有原创歌曲，只翻唱老歌也能拥有音乐市场的时代，倒不如说翻唱歌曲更容易得到昭和时期那代人的欢迎，会更有销路。所以，音乐界也对翻唱心安理得。因为大众文化这一流行文化变成了资本（资源）。

国外也存在类似的情况。咖啡厅经常播放的音乐中有巴萨诺瓦舞曲（Bossa Nova），但是听着听着就发现，这些原来就是以前畅销的摇滚乐改编而成的巴萨诺瓦风格而已。又比如，咖啡店里经常播放的芝加哥的《星期六在公园》（*Saturday in the Park*）。

想想看，我们听的音乐，不管是古典音乐还是爵士乐，都是六七十年前演奏的，有些歌曲甚至是 500 年前的作品。这个时代，摇滚乐和流行歌曲，同样都成为一大资源，只要挖掘改编一下，人们就能得到充分的满足。

反言之，这个时代已经很难创作出全新的原创作品了，就像 2020 年东京奥运会会徽抄袭事件一样，很容易让人觉得"在哪里见过"。

# 捡漏时代：从 Celebrity 到 Serendipity

我最近把在街上捡东西当作一种乐趣，捡到过一个仅仅有点烧焦就被扔了的高档锅，不愧是高档品，受热均匀，做起饭来很受用啊；我还捡过木头自己做书架，等等。有人会扔椅子，但不是我中意的东西，所以没有捡过。还有人扔沙发，我虽然很中意，但是没有地方放，也没有捡。有些桐木衣柜也经常就被人扔了，我很想要，但碍于无法搬运，所以也没有捡过。还有被扔掉的高级音响，我很想拿回家，但是因为在工作的途中，所以也只好放弃了。说真的，如果你开着轻型卡车在东京的街上到处转悠，转眼之间就能集齐所有家当。

原来持续过很长一段时间"拒绝一次性用品"的潮流，另一方面，也出现了"断舍离"、"终活"① 和"清理"的热潮，总

---

① 终活：指中老年人为临终做准备而参加的各项活动。2013 年 10 月，日本各地开始流行"终活"，他们参观火葬场，向专业人士学习如何写遗嘱、拍遗照，正面地面对死亡，为临终做准备。——译者注

之都是因为要扔掉的东西太多了吧。当然，也存在这样一个背景：昭和前 10 年出生的人在日本经济高速增长时期买了很多很多东西，近年来他们都已尽天年，留下了很多好东西。

发现奇珍异宝，或者找到稀罕之物（或人），英语称之为"Serendipity"（意外收获）。这个词和"Celebrity"（名人品位）的读音很相似，但是含义不同。我认为现代人实际上都在追求

Serendipity。从丢弃在街上的东西中找出自己喜欢的，也是一种 Serendipity。反过来也就是说，像之前只满足于购买新产品的人正在减少。

前些天，我去郊区看了一栋新建公寓的样板房，它是由一家有名的房地产大企业投资开发的。我根本没想买，只是听说它的布局很有特点，所以才去凑凑热闹。

我一去，那里的负责人就向我毕恭毕敬地解说了 1 个小时那片街区如何如何好。我也是一个研究郊区情况的人，他说的话，我全都知道，但是因为难得来一趟，我就认真地听着，并且我认为他也是认真学习过的。话说回来，像这种街区，如果不说出它的一些魅力，那么新建的高价公寓就卖不出去了。

之后，他终于让我看了样板房。每一个公寓房都大同小异，并没有觉得哪里好。说起特色，也就是桌子上摆放着香槟杯。一个卖公寓的人为什么喜欢摆放香槟杯？真是不可思议。也许是因为想给人一种名人品位之感吧。

我看了样板房之后，填写了调查问卷。我在其中答道：这次不想买。于是，给我做解说的负责人态度骤变，像是在说：你懂不懂这个公寓的价值？你是傻瓜吧。真让我毛骨悚然。刚才的态度还毕恭毕敬的，不知怎么地，瞬间就变成了歌舞伎町的皮条客，或者宰客的酒吧了。我再也不想见到这个负责人了，不不，是再也不会去新建的公寓瞎转了。

这些都暂且不论，我想问问：在看了基本一样的新建公寓之后，有多少人会说"啊，真好啊，真想买啊"？这样的人正在减少。畅销的塔式公寓大部分是为了投资，中国人买了很多。但是我并不认为，会有那么多人是因为喜欢这个公寓才去买的。

越有品位的人，就越会低价购买二手房，然后**翻新**。我在郊区看的那个新建公寓，70 平方米左右都要 7000 万日元。但是，山手线内侧一个同样面积的二手公寓，只要 3000 万日元，再花 500 万日元重装翻新，就能住上更加适合自己的舒适公寓了。这里没有装作名人品位的香槟杯，却放着自己中意的东西，例如捡来的椅子，别人转让的桌子，那个她作为礼物送的杯子，等等。只要看到这些室内用具，脑海中就会浮现出那个人的人格和品位来。越来越多的人正在感知这种居住方式的魅力，并且去实际践行它。这样的生活才是具有自己风格的意外收获。

**参考文献**

坂口恭平：《从零开始的都市型狩猎采集生活》，太田出版，2010 年。

# Rethink

"Rethink"一词本身取自汤姆·迪克森（Tom Dixon）写的 *Rethink* 一书（2002 年刊）。

Rethink 直译为"重新考虑"，在这本书中表示"改变看待事物的方法""改变视角""采取非常规的方法""转为他用"等含义。

这本书中介绍了很多奇思妙想，例如，把集装箱当作办公空间，把砖块堆起来当桌子，把百叶窗当作分隔房间用的隔挡物，把冷藏用的泡沫塑料盒子垒起来当书架，等等。总之，把工业用的物品转换成生活用的物品的点子很多。

这种转为他用的点子，实际上早就被日本的东急手创馆 [①] 提出过。我从 1982 年起就在涩谷上班了，非常喜欢手创馆，

---

① 东急手创馆：日语为"東急ハンズ"，是日本一家专门售卖家居用品和DIY 用品的连锁居家生活百货公司。——译者注

每周要去一次。手创馆不单单是 DIY 的店，还可以提出各种奇思妙想的点子，例如把理科实验用的烧杯当作铅笔筒，把工具箱当作首饰盒，等等。

我认为，这里继承了 *The Whole Earth Catalog*（《全球概览》）的精神，这种精神流行于 20 世纪 60 年代末的美国，对苹果公司的创始人史蒂夫·乔布斯也有很大的影响。

草率一点也可以说，这种想法就是，自己在某个地方遇险，并不会不知所措，而是会为了活下去想办法利用身边的东西。

实际上，从远古时代开始，人类就学会用动物的骨头做武器、椰子做容器、石头做箭头了，以此构筑了人类的文明。骨头、椰子和石头都属于转用。这就是创造的开始。可以说，Rethink 是人类为了生存下去而进行创造的原点。

我在 1983 年前后把与 Rethink 相似的想法定义为**重组**。我认为手创馆的提案，也是一种对物品原本用途的重组。

大概和手创馆同时面世的**无印良品**也具有 Rethink 的性质。因为这些无色无纹的商品，可以让消费者根据自身的情况，去想象如何使用它们，并且还可以改造它们（**→自主参与性**）。

Rethink 或重组的想法，在创造力较弱的日本泡沫经济时代暂停过一段时间，但是进入 21 世纪后，突然又复活、重燃了。

像把办公大楼转用成住宅这样被称为**转化（Conversion）**的举动，并不是破坏旧建筑建造新建筑，而是在运用旧建筑优势的基础上赋予其新的价值，使它重获生机。像**东京 R 不动产**等公司的**改造**活动，无疑就是重新回到了 Rethink、重组的延长线上。

**D&DEPARTMENT** 这家店的理念也是 Rethink、重组。例如，该店把学校供餐时用来保存牛奶的金属容器当作室内用具，类似这样的做法越来越多。

像这样，转化和翻新必然会让人们重视回收再利用。从这个意义上来说，这是一种环保行为。共享房之所以常常是一些翻新后的旧建筑，是因为在共享和翻新的思想中，蕴含着重视环保的倾向。

我们的生活方式，不要限定在居住空间里，而是应该更加

Rethink、翻新，这样才应该是更环保的吧（**→捡漏时代**）。

**参考文献**

东京销售市场研究会，《手创馆现象》，MIA，1986 年。

东京 R 不动产，《东京 R 不动产》，Aspect，2010 年。

堤清二、三浦展：《无印日本》，中央公论新社，2009 年。

# 从往下传到往上传

我们这一代人，童年时代的衣服一般都是往下传着穿的。特别是我，有哥哥、堂哥、表哥，没有弟弟，所以童年时代的便服、制服，还有平时用的桌子等，都是传下来用的。

而如今，大家都没什么兄弟，也没有住得近的堂哥、表哥，这种生活习惯恐怕不太常见了。取而代之的是，在幼儿园、托儿所和当地的跳蚤市场，购买年龄大的孩子不能穿的衣服，或者不用的玩具等，虽然有偿，但十分便宜。

就在最近，好像越来越多的父母开始穿起孩子们不能穿了的衣服，这叫"往上传"。

父子（母女）之间没有了价值观和时尚感的差距，都穿上了款式相同的衣服，所以，父母穿着孩子的衣服也不会让人觉得奇怪。

并且，近来中性时装多了起来，妈妈穿儿子的衣服也不会让人觉得奇怪。我的妻子也经常穿女儿和儿子的衣服，但穿女儿的衣服反倒不是特别合适，女儿的衣服对她来说还是有点花哨，相比之下，倒是儿子"往上传"给妈妈的衣服更简洁、更适合。

儿子经常穿我传给他的衣服。裤子不太合身，腰围和腿长差太多，但是 T 恤、运动衫、风衣之类，就完全没问题。有时候，我们还共享鞋子和袜子。另外，背包、提箱和手表也都是共用的。

早就有**朋友式亲子关系**的说法，但是现在才是真正的父子（母女）之间在时装上无差异、像兄弟姐妹一样将衣物"往下传"或"往上传"的时代 **(→男女老少同一个市场)**。

我们家虽然有些不同，但是也有些家庭的女儿会用她妈妈或祖母的 LV 包吧。说起来，在和服方面也是如此。

现在这种情况，那些想要出售新产品的企业可能就犯难了。但是，倒不如说消费者已经开始正经过日子了。

# 年轻男性的主妇化和男女老少同一个市场

我在《日本人今后会买什么》这本书中，分析了总务省"家庭经济调查"中单身生活人士的家庭经济状况，并指出，社会上出现了年轻男性（34岁以下）**主妇化**，年轻女性男性化，中年男性（35—59岁）居家化，老年男性（60岁以上）年轻化，老年女性和中年女性外向化的倾向。

之所以说主妇化，是因为单身生活的年轻男性，增加了对生鲜食品和家庭用品的消费，印证了"便当男""料理男"这些流行语。

说年轻女性男性化（更应该说成是**脱女性化**），根据就是她们对裙子、内衣、长筒袜等商品的消费减少了。从事重要职务的女性在增加，越来越多的女性穿黑色套装上班了。

说中年男性有居家意向（**居家化**），其依据是他们对床上用品、沙发等室内用品的消费在不断增加。

另外，说老年男性年轻化，体现在他们对运动、电影、演剧等方面的消费增加了，并且饮食的西化程度在提高（换句话说，他们在进入老年后仍保持着年轻时的饮食习惯）。至于说老年女性和中年女性外向化，不用说，正是因为她们在温泉、旅行、观剧、看比赛、听音乐会等走出家门的消费在增加。

当然，说年轻男性主妇化、年轻女性男性化，是从消费的增长率上而言的。从消费金额上来看，则是女性把更多的钱用在生鲜食品上，还是自己做饭的女性更多。

不过，从增长率来看，男性自己做饭的比率增幅很大。但是，数据显示，他们在外吃饭的费用却没有出现大幅下滑。虽然，他们在外吃饭的次数减少了，但是有行业数据显示，他们平均每次的单价消费却有所提高。他们在外吃饭减少的次数，大致就可以推断为他们自己做饭的次数了。

现如今的年轻男女没有什么积蓄，自然就只能自己做饭了。这样一来，他们去便利店的次数就会减少。便利店是明码标价的，生鲜食品也少。据说取而代之的是，去食品超市购物来维持自己单身生活的情况在增加（根据三菱综合研究所的数据）。

　　由此可见，男女老少与从前相比趋向于均质化，父母和孩子的穿衣风格和品位越来越像了**（→从往下传到往上传）**。不仅如此，连祖父母和孙子都开始穿同样的李维斯（Levi's）、耐克（Nike）和阿迪达斯（Adidas）了。食品方面，祖父母和孙

子一样都很喜欢汉堡包、比萨饼和冰激凌。当然，也有上了年纪开始喜欢吃鱼的情况，不过和过去相比，老少之间的差别已经非常小了。与其说是**朋友式的亲子关系**，不如说是**朋友式的祖孙关系**。

这样下去，卖家就可以直接出售男女老少都能用的商品了。有些市场销售负责人想从性别和年龄上细分并发现差异，制作符合身份的商品和广告，但是我认为，在这个时代，这些工作都是徒劳的。这应该是一个**男女老少同一个市场**的时代。如果出售更多男女老少通用的商品，应该会增加销量，降低成本。如果硬要把他们细分，那么销量下降、利润降低是可想而知的。

现在，在产品方面，做出品位差别比男女老少差别更为重要。最好先分析出品位差别，比如是喜欢时髦的还是天然的呢，华丽的还是朴素的呢，等等。

# 中年男性的居家化

中年男性增加了对床上用品、沙发等物品的消费，这是为什么？

此次调查的对象是单身生活的人士，他们没有老婆，工作累了一天回到家，连给揉揉肩、贴个膏药、铺个被褥的人都没有，总而言之，就是没有女性照顾的男性。所以，男性只能自己照顾自己了。于是，就需要睡觉时有消除疲惫功能的被褥、促进睡眠的枕头，他们认为休息日外出也是一件很累的事情，就想坐在舒适的沙发上听听音乐。这就促进了中年男性的居家化。

当然，单身女性同样有照顾好自己的需求，不过女性近年来在这方面的消费并没有怎么增加。我想，或许是因为女性本来就有这方面的消费。

另外，如今也不是结婚后妻子就要单方面照顾丈夫的时代

了。妻子也在工作，也很累，照顾不上丈夫。这样的夫妻关系
很多吧。或者是，妻子大多要加班到很晚才能回家，这种情况
在不断增加，丈夫反过来照顾妻子的情况也在增加。

　　总之，夫妻间也多是单独一个人待着，在这种前提下，
基本上都是自己照顾自己。这正是我呼吁**生活关怀市场**的原
因所在。

# 2 具有新意识的一代人

# 表参道<sup>①</sup> 上的忐忑

有一位叫市川纱梛的模特，是几年前我在一本名叫 *25ans*（法：*Vingt-Cinq ANS*）的时尚杂志上看到的，*Vingt-Cinq ANS* 是顶级的时尚杂志，曾经还刊登过叶姐妹<sup>②</sup>。这本杂志刊登过很多价格高达几十万日元的服装和几百万日元的手表。

市川小姐出生在美国，是一个混血儿，毕业于哥伦比亚大学，才貌双全，不过却是个御宅族。据说她非常喜欢铁道和高达，并因此多次上过电视。说起御宅族，大家都会认为这和时尚不沾边，是不是很有趣？

有一天，我在电视上看到她接受的采访。主持人问她：

---

① 表参道：日本的地名，距离涩谷不太远，原本指通往明治神宫参道的一条道路，现在指以这条道路为中心的周边地带，是东京的四个主要特色街头时装店的聚集地之一。——译者注

② 叶姐妹：指叶恭子和叶美香二人的合称，有"日本著名巨乳姐妹花"之称。其实二人并不是一家人。——译者注

"您作为一名模特，休息日会到表参道这样的地方逛街购物吧？"市川却给了个超级意外的回答："不会，表参道会让我感到忐忑不安。"我不由得笑起来，这可太有意思啦。真没想到 *Vingt-Cinq ANS* 的模特会对表参道感到忐忑不安，真新鲜。她说，比起表参道来，更喜欢铁道。

我不知道她这样说是计划好了的，还是完全出于她的本心。因为在以前，这不符合顶级模特的形象，经纪人是不会让自己的模特这么说的，不是吗？

然而，时下这位年轻的女模特，而且是 *Vingt-Cinq ANS* 的女模特，即使说对表参道感到忐忑不安，是一名喜欢铁道和高达的御宅族，也没有损伤自己的形象。不仅如此，反而还增加了人们对她的好感度。现在就是这样一个时代。也可以说，这是一个女性不再拘泥于女人味框架内的时代了（**→漂亮的"大叔"**）。

# 釜萢女

我在 2004 年出版了一本书叫《"釜萢女"的时代》。所谓釜萢女，指的是崇尚釜萢弘那样打扮的年轻女性。她们穿着宽松的衣服和破洞牛仔裤，戴着草帽或者小正太帽，即使夏天也不摘下来，整个人营造出一种"我活得可自由了"的氛围。

釜萢女从 2000 年年初开始出现在街头。据我观察，她们是在 1980 年到 1995 年出生的一代人。

釜萢女的时尚在男性看来并不性感。另外，她们会给人这样一种印象：的确很自由，在某种意义上甚至可以说是邋遢，在公司上班之类的根本应付不来，所以这种时尚在正派的上班族看来，不论男女，也都是得不到青睐的。衣着吊儿郎当，一点都不干练。

因此，我在《"釜萢女"的时代》这本书中，原本想着加入釜萢女和辣妹的对话。因为辣妹在男性看来很性感，所以我想要是让釜萢女和辣妹对话，辣妹一定会单方面地凌驾在釜萢女之上，而釜萢女会一直一声不吭吧。

然而，没想到在对辣妹的采访中发现，她们对釜萢女很憧憬！她们说，釜萢女的时尚很可爱，自己也想试试，但是因为不适合自己，所以做不来。我对此感到惊讶，放弃了她们之间的对话。

过了一段时间，面向辣妹的杂志开始引入釜萢女的时尚。一些长得美身材又好的模特，并不穿辣妹那样的贴身衣服，反而开始穿起了宽松的衣服，戴起了草帽。再过一段时间，几乎所有的女性时尚杂志都开始了釜萢女化。现如今，就连面向贵妇人的杂志上，都可以看到釜萢女时尚带来的影响。想来，最初的釜萢女一代现在也三十几岁了，到了结婚生小孩的年龄。

的确，东京人最想居住的街区——人气还在飙升的武藏小杉（川崎市），如果去那里的购物中心看一看，就会发现很多打扮成釜萢女的时尚妈妈。釜萢女倒成了女性的主流。而与之相反，近几年面向辣妹的杂志全都停刊了。

为什么釜萢女会变成主流呢？

这里必然要提的是，这是因为釜蒾女的时尚穿着更舒适，方便活动，方便工作，养育孩子也很方便（**→黑色的妈妈自行车**）。

　　而带有女人味的衣服，不方便活动，不方便走路，所以不适合目标是边养孩子边工作的现代积极主动型女性。

　　我也不喜欢太死板的着装，把运动服当便服穿的方式，看起来也更时尚。

# 漂亮的"大叔"①

　　大叔自然不会漂亮，不过也还是有的吧。我这里所说的漂亮的"大叔"，指的是外表漂亮的女性，但是行为方式却像大叔的意思。

　　自 1986 年《男女雇用机会均等法》施行以来，虽说进展很缓慢，但是步入社会和男性平等工作，甚至在企业里比男性都要干劲十足的优秀女性，正在不断增加。

　　这当然很好，然而她们在企业里的工作方式很像男性，于是行为方式也就男性化了。往往是活力十足、大声喧哗、笑声豪放。当然还包括下班后去烧烤店喝生啤，累的时候为了快速补充精力吃烤肉或饺子等。最近，还出现了很多防止女性吃烤肉或饺子后第二天出现口臭的商品。

　　以前的女性在笑的时候会掩口，现在却不怎么见到这种行

―――――――――

　　① 漂亮的"大叔"：日语为"きれいなおじさん"。——译者注

为了。30年前，今井美树英姿飒爽地出现在媒体上，爽朗地笑起来嘴张得特别大，也不掩口。她那充满健康气息、男孩子般的魅力吸引了无数人。从此以后，女性即使开口大笑，也开始不掩口了。

这种女性的男性化越来越严重，据我观察，女性在张大嘴打哈欠的时候，也不掩口了；在电车上的时候，也不再并拢膝盖拘谨地站着或者坐着了。很多女性坐姿也变得随意了，不再

挺直背部，而是佝偻着背坐在那里。就"女性的品格"来说，觉得有些遗憾。总之，女性变得越来越男性化了。

　　女性都会化妆，不会像大叔那样拿着手巾擦脸，但是却有很多女性在电车上用手机看黄色漫画。① 真是的，女性的大叔化已经停不下来了。

---

　　① 带着手帕时不时地擦脸，常常拿着黄色漫画看，往往被认为是日本大龄男性的典型特征。——译者注

# 暗黑女

伴随着漂亮的"大叔"越来越多，想进入曾经只有大叔才会去的场所的女性也变得多了起来。比如曾经的黑市、合法或非法的红灯区、烟花柳巷，现在都变成了酒吧街。

在一个民营铁路沿线的站前，就有这么一条酒吧街，大家称之为"暗黑街"，街上就能看到边走边喝酒的女性。这些女性看上去都很年轻漂亮，与暗黑街并不搭。她们与其说是客人，倒是更像酒馆的老板娘。这些女性喜欢暗黑街，我还是觉得有些不可思议。

记得有一个女生，20岁出头的样子，游历过全日本的烟花柳巷。她好像说过对烟花柳巷的建筑很着迷，但是似乎并不仅仅如此。她好像更加向往那里曾经是烟花柳巷时的氛围、弥漫整个街道的空气、当时女性的生活方式，甚至包括她们的言谈举止。

　　她们并没有反对女性步入社会，也不反对女性有个职业，经济独立。正好相反，她们都是公司的正式员工，有工作欲，但她们却又很迷恋曾经是红灯区或者烟花柳巷的地方和时代。

　　这和所谓的女权主义价值观不同。女权主义的时代完全否定女性只能通过向男性谄媚来赚钱，追求要和男性一样通过工作来赚钱。

　　那么，现如今和男性一样是正式员工的女性，为什么喜欢暗黑街呢？这是一个我还没有搞清楚的问题。

# 黑色的妈妈自行车

最近，流行一款年轻妈妈带孩子骑行的自行车，名叫 HYDEE，是 Bridgestone Cycle 公司的产品。也就是所谓的"妈妈自行车"，还有电动辅助功能。

这款妈妈自行车的确很帅气，我也一直想骑，心想：在我养孩子的时候，为什么就没有这样的自行车呢？真让人羡慕啊！

这款妈妈自行车的帅气就在于它的颜色是黑色的。虽然也有灰色的，据说黑色最受欢迎。设计也很有骨感，不像是妈妈骑的。

据说，Bridgestone Cycle 开发团队曾经因为不能应对"让孩子坐得更加美观"的需求而感到困惑不已，于是在 2009 年，女性月刊杂志 VERY 编辑部向该团队强烈提议道："咱们一起做吧。"

为了不影响安全性，追求彻底的美观，他们从车身到儿童座椅进行零起点开发。他们在以妈妈骑行为前提的安全设计基础上，植入了爸爸喜欢的沙滩自行车风格，设计出了这款全新样式的自行车。

认准 HYDEE 将会大卖的是丰田公司。丰田在开发家庭用厢式车（MINIVAN）——ESTIMA 时，就是借助了 *VERY* 这个杂志的力量。*VERY* 的读者"辣妈"们原本不懂 MINIVAN 这个名字什么意思，总觉得叫 VAN 有种商务车的感觉。

于是，根据这种车有三排座位的特点，就有人提议把名字改叫"三线车"（Three Line Vehicle），商标则交给因设计熊本

熊而成名的水野学来设计。

其外观是和 HYDEE 同样的黑色，他们发现辣妈们认为的帅气，就是简单（**→简单一族**），而不是要去追求过度杂乱无章的装饰，不需要在车上出现象征着地位和财富的配置。

这个嘛，就叫汽车公司的秉性吧，在别的项目上也这么写。这些就职于世界一流公司的人还没有注意到自己已经成为特殊群体，像井底之蛙一般去看（＝看不见）消费者。我觉得家庭比较富裕的妈妈还是喜欢名牌、喜欢装饰、喜欢地位的（**→从自我扩张感到自我肯定感**）。

有一个广告界的玩笑话，丰田在制作的文件中经常使用"超越"这个词，据说在他们的电脑键盘上敲一下"R"，就立马出现"超越"这个词。① 不输给别人、比别人更快、比别人更优秀，是一流企业根深蒂固的价值观。这在制造放心安全的汽车这个意义上来说是好的，但是从消费市场的角度来看，也是一种妨碍。

---

① 超越的日语是"凌駕"，读音为"ryouga"，第一个字母是"R"。——译者注

我也会犯这样的错误，总是带着先入为主的偏见看问题。更应该说，放弃不了深信事情原本就是如此的想法。

比如，我说 *VERY* 这个杂志是给相对富裕阶层的家庭主妇，喜欢名牌、追求性感的女性读的，其实就是带有偏见的。我曾经这样深信不疑，所以即使是出于工作的目的，也不愿意读 *VERY*。但是，*VERY* 在不知不觉地改变着风格。

当我看了最近的 *VERY* 后，发现里面有点"不正经"。妈妈们的时尚，不是白色、金黄色或柔和色调，而是黑色、卡其色或迷彩色。头发也是长的少、短的多。戴着釜范女风格的帽子、一幅松松垮垮形象的妈妈们还真不少 **（→釜范女）**。杂志中的女性形象也大多是边工作边带孩子的职业女性，而不是家庭主妇。以前的 *VERY* 里是去私立幼儿园接送孩子的妈妈形象，现在的妈妈将孩子托付给托儿所，自己就去上班了，所以杂志中提倡：只要衣服脏得不明显，就可以直接穿着去公司。真讲究实用啊。

这种既追求实用性又想要美观的价值观，是和开发黑色妈妈自行车以及 ESTIMA 的思路连贯一致的。

# 从 POLO 衫到破衣烂衫 ①

　　说起 20 世纪 80 年代的年轻人，都很喜欢名牌，很多人都穿拉夫劳伦（Ralph Lauren）的 POLO 衫。除此之外，很多绣着 LOGO 的 POLO 衫和网球服也很受欢迎。

　　相比之下，再去看看如今的年轻人，都不穿绣着品牌的衣服了。NIKE、ADIDAS、PUMA 等运动品牌，或者 PATAGONIA、THE NORTH FACE 等户外运动品牌虽然还有人气，但是在休闲服装中，好像不再流行绣着品牌的衣服了。

　　当然，即使现在去新宿的伊势丹看一看，还是有带着小狐狸标志的 "KITSUNE" 品牌，但是它的价格很贵，也并不像曾经的拉夫劳伦那样谁都穿了。

　　说起人气品牌，最初是为了追求和别人不同，开始受到欢

---

　　① POLO 衫和破衣烂衫，用日语分别写作 "ポロ" 和 "ボロ"，非常相似。——译者注

迎的。渐渐地，很多人也开始这么穿，之后大家穿着穿着就放下心来，趋向于同调并感到满足。

相比于这种相同格调的品牌服装，这 20 年来开始流行穿旧衣服。我曾经说过，现在的年轻人喜欢穿旧衣服，但是大企业的人都不以为然。他们对此不屑一顾，认为这是极少数年轻人的行为，喜欢旧衣服只是一时的流行罢了。

大企业的人大多追求同调性，喜欢名牌。大企业本身就是名牌，当然会这么想，所以也深信世人都喜欢名牌。并且现在还是会有人去买拉夫劳伦那个绣着傻傻的大马标志的POLO衫。我不喜欢这种感觉，如果带着这么一个大标志外出就说明喜欢这个品牌，那么索性把这个马的标志纹到身上好了。

　　但是这20年来，人们越是关心时尚，就越追求穿旧衣服。虽然乍一看有点破旧，但是旧衣服更特别，就其独一性这个意义上来说，它满足了人们追求差异性的愿望。这是一个追求从POLO衫到破衣烂衫的时代。

# 轻熟女

15 年前，我接受某化妆品公司的委托，做一份调查。分析时尚杂志，观察街风时尚，探寻女性对化妆的需求，并且每月上报（这是我的本职工作）。

在工作的时候，我和同事们都在想：女性总是想要的年轻貌美、皮肤白皙能不能成为营销的关键词？想要年轻貌美、皮肤白皙这一欲求本身，并不只是当今时代的产物，而是一个再自然不过的欲求。但是，如果不能让人感受到现代色彩，就不能成为营销的关键词。

各种杂志资料林林总总，对此都曾有过评论。其中像 1959 年的《日本电影》杂志，封面上曾刊登过法国的年轻女演员米琳娜·德蒙若（法：Mylène Demongeot），她在这张照片上，表情天真无邪，皮肤健康白皙，脸颊微红，笑容可掬，正好是当时日本的年轻女性"想拥有的样子"。

这个时候有个同事突然说："这样行吗？叫轻熟女（Child Woman）。"

于是，"轻熟女时代"就成了这本杂志的特辑名，意思是当年的电影女演员当中流行像孩子一样的女性形象。这篇新闻报道这样写道："虽然看起来稚气未脱，却具备俘获男人心的女性魅惑。"

的确如此。不仅要年轻貌美，还想拥有孩子般的肌肤，甚至在精神上都想像孩子一般，这种欲求是当时（现在也是）年轻女性的心理。因此，"轻熟女"这个词是再适合不过的了。

为了探寻新的时尚，就要读旧书！这是我一直以来的做法。不管是读江户时代年轻女性的资料，还是读大正时代到昭和时代的风俗资料，都会经常让我觉得，过往和当今时代毫无二致。特别是时尚，它是循环往复的，以前的时尚杂志和电影杂志经常会发挥作用。

看一看AKB48，最早的那一批都已经28岁左右了。放在以前，早该结婚生2个孩子了，但是她们看起来还像高中生。女性真是越来越轻熟女化了（可能男性也是如此）。

# 派·族·系

"派·族·系"这类词，我用来对每个不同"浓度 = 束缚度"时代下人际关系变化情况进行梳理。就像政治家的派别一样，"派"是通过较强的团队意识集结在一起的，并且希望能够尽量长久地存续下去，不允许抢风头。即便是反体制的集团，也有过"赤军派"之类的政治集团。如果抢风头，等着你的就只有死亡了。"派"的更高一级就是"党"吧。

"族"比"派"稍显宽松自由，且具有暂时性。日本战后流行过太阳族、原宿族、御幸族、an-non 族、乌鸦族等。嬉皮士和流浪汉也是"族"的一种。

总之，只要是流行的，就不会永远持续，也不存在不允许抢风头的情况。所以，不能把"赤军派"说成"赤军族"。

但是，an-non 族和乌鸦族（Comme des Garcons 品牌集于一身，着装偏黑而前卫）的关系却很紧张，成员间并不和睦，也不会一起行动。

另外，还有雷族、暴走族等骚动不安的"族"，尤其是暴走族，他们也有不允许抢风头的地方。说到更久以前的"三浦一族"，他们比"派"的关系更强……

但是，现在的"族"，在原则上，可以用来表示更为自由和暂时性的人际关系。另外，如果社会不和平，没有成为富裕到某种程度的消费社会，不是一个有流行时尚的社会的话，是不会出现"族"这种生态的。所以，日本很多的"族"都出现在战后。

而"系"，是一种更加宽松、更加淡泊的人际关系。20世纪90年代，音乐领域流行过"涩谷系"，其音乐本身就是舒缓的。这之后，不管是音乐、时尚，还是生活方式，总之在很多领域，"××系"这种叫法就普及开来。例如追求简单而精细生活的人群叫作"生活系"，而不说成"生活派"或"生活族"。也没有"涩谷派"或"涩谷族"的说法。

"系"中没有特定的成员。人们搞不清楚谁进入了，或者谁退出了。它并不是一个可以进进出出的固定团体（我写过一本书叫《简单一族的反叛》，从语感上来讲，叫"简单系"会更正确）。

一般认为，脸书（Facebook）的普及加深了"系"内的关系，另一方面，产生于脸书中的"系"内的关系，进一步通过脸书，变得更加紧密了，甚至还会发展到"族"和"派"的程度。举个不太恰当的例子，我觉得"网络右翼"之类的概念，就接近"族"和"派"。

而且，一般还认为，"系"内的关系比"族"更加长期持久，是一种微弱但很长久的关系。这似乎也是使用脸书等网络工具而使其关系难以消失的理由吧。

另外，现代家庭也是一种"族"，说不定也可能是"系"。孩子小的时候另当别论，高中以后，孩子的生活时间和家人不再同步，母亲重新开始去工作了，家人也不在一起吃饭了。这和共享房的人与人之间的生活方式并无二致，只不过是每个人有了单独房间而已，厨房、浴室、厕所和LDK[①]都是共用的。正因为如此，现代的年轻人才不会反感和别人一起住在共享房的吧。

① LDK：起居室兼餐厅厨房。——译者注

# 隐形泡沫经济

有一次，我遇见一个平成年代出生的女性。按照现在的标准，她算得上标致，不过穿着打扮稍显"老态"。实际上，她是法律系毕业的才女，外表看上去却像是贤妻良母的类型。听她说，身上穿的带有女人味的花色裙子是在高圆寺的估衣店买的。

她的父母现在 60 岁，大致上和我一样，都是在日本经济高速发展时期长大的，年轻的时候还经历过日本泡沫经济。这么说来，在我的学生时代，有很多女性的打扮都和她相似。

于是，我问道："您母亲的穿着打扮都是 LV 吧？"

她答道："是的。"

听她说，她母亲有很多件 LV，现在 60 岁，说来是追求这些名牌的第一代人，从学生、OL① 时代起，买的全都是 LV。

---

① OL：英文"Office Lady"的缩写，中文解释为"白领女性"或者"办公室女职员"，通常指高学历、高压力、高收入的职业女性。——译者注

"你去约会的时候，希望男朋友开车来接你吗？"

"是的！我这么说会招人烦，但还是希望他开着奥迪来接我。"

看看！这无疑就是日本泡沫经济时代的价值观。让我想起了那个时代，年轻的男性被叫作"足男"或"饭男"①。顺带说一下，"足男"是开车（足）接送女性的男性，"饭男"是请女性吃饭（饭）的男性。近年来，大家一直在讨论，现在的年轻女性不再像以前那样"希望有个这样的男性"了。当然，也不能完全这么断言。

我强调的是，最近的年轻人当然和以前的年轻人有所不同。因此，人们都说，以前的年轻人是开着车去约会的，而现在的年轻人在自己家里约会。这的确是事实，当然，也有不少人不这样做。

这位平成时代出生的女性，她的父母还是日本泡沫经济时代的一代，自然也是如此了。这样的女性被称为**泡沫经济第二**

---

① "足男"和"饭男"的日语分别是"アッシー"和"メッシー"。——译者注

**代**。他们是年轻时消费欲望旺盛一代的孩子，于是，他们的价值观、生活方式有可能就会和以前的年轻人（现在 40 岁左右，属于团块世代的孩子）有差异。可以说，他们有着隐形泡沫经济的倾向。

这么说来，听说虽然很少，但是的确流行年轻女性租用高级轿车去参加派对的情况。这种情况也是偏向泡沫经济的。就我最近的观察发现，在涩谷街头零星看到一些年轻女性，她们穿着紧身衣，性感时尚。

虽说如此，年轻人依然是没有钱的。父母消费出现泡沫，而孩子穿着朴素。现在或许是这样一个时代：孩子都在使用父母曾经购买的名牌商品。近年来，我经常看见有些年轻的女性挎着 30 年前的款式的 LV 包。但是如果我们认为，这是一个从商品丰富向货存丰富转变的时代，也未必是一件坏事。

但是，对于那些商业模式是只顾让人买新产品的企业（制造商和百货店）来说，目前是一个严峻的时代。据说 2016 年 5 月百货店的女装销售额比 2015 年下降了一成。现在，越来越多的年轻女性都很少买新衣服了。

# 两位大叔结伴而行

JR 东日本公司的北海道新干线上的一则广告曾引发热议话题。为什么？这则广告设定了一个场景，两个中年男性一起乘坐新干线去旅行。

在以前，这类旅行广告大部分都是设定女性，特别是 2 到 4 个年轻女性去旅行的场景，或者是中老年夫妇一起去旅行。而这次设定成只有两个中年男性，是之前非常少见的。

我不知道是真是假，根据脸书上的信息报道，有个法国人看到这则广告后说：日本真先进，同性恋都能出现在广告上。就连在性方面比日本先进的法国人，都觉得两个中年男性结伴旅行是件新鲜事儿。确实，以前两个中年男性多是下班后一起去喝酒。

实际上，学生之间暂且不提，如果说两个中年男性在业余时间并行走在银座的街上，还一起去意大利餐厅吃饭，肯定

会被当成同性恋吧。即使不被说成同性恋，也会有很多人看不惯。

但是，现在到了 40 岁还没有结婚的男性越来越多了，即便不是同事关系，两个大男人一起去意大利餐厅或者蛋糕店之类的地方，也越来越常见了。

根据统计，45—49 岁的未婚男性，从 2005 年的 68 万人增加到 2015 年的 108 万人；50—54 岁的未婚男性，从 63 万人增加到 81 万人；40 多岁经历过生离死别的男性从 2005 年到 2015 年增加了五成。这些中年男性"单身人士"在分母上的增加，就是 JR 东日本公司广告出现的背景吧。

## 中老年"单身人士"的数量

（单位：万人）

| 性别 | 年龄 / 单身原因 / 年度 | 未婚 2005 | 未婚 2015 | 未婚 2030 | 生离死别 2005 | 生离死别 2015 | 生离死别 2030 |
|---|---|---|---|---|---|---|---|
| 男 | 30—34岁 | 234 | 191 | 161 | 11 | 11 | 9 |
| 男 | 35—39岁 | 138 | 154 | 118 | 17 | 20 | 17 |
| 男 | 40—44岁 | 93 | 145 | 109 | 20 | 31 | 25 |
| 男 | 45—49岁 | 68 | 108 | 110 | 22 | 33 | 33 |
| 男 | 50—54岁 | 63 | 81 | 117 | 30 | 34 | 41 |
| 男 | 55—59岁 | 51 | 61 | 122 | 39 | 34 | 52 |
| 男 | 60—64岁 | 25 | 54 | 91 | 35 | 39 | 47 |
| 男 | 65—69岁 | 13 | 41 | 65 | 33 | 49 | 44 |
| 女 | 30—34岁 | 155 | 137 | 119 | 25 | 20 | 18 |
| 女 | 35—39岁 | 81 | 109 | 86 | 32 | 34 | 28 |
| 女 | 40—44岁 | 49 | 97 | 80 | 37 | 53 | 38 |
| 女 | 45—49岁 | 32 | 68 | 83 | 39 | 55 | 50 |
| 女 | 50—54岁 | 27 | 46 | 90 | 53 | 57 | 63 |
| 女 | 55—59岁 | 27 | 30 | 89 | 76 | 59 | 84 |
| 女 | 60—64岁 | 19 | 26 | 63 | 83 | 80 | 86 |
| 女 | 65—69岁 | 15 | 25 | 42 | 100 | 119 | 92 |

备注：资料由作者根据国立社会保障、人口问题研究所《日本未来预计人口》制作而成

# 单人烤肉与便所饭

2015 年，日经 BP 社出版过一本书，叫《单独在外吃饭的策略》。书中提到，对在东京工作的 20—50 岁男女单独在外吃饭的情况进行的大量采访发现，很多人会说："我不擅长单独进店吃饭。"

如果是女性，这种情况还能理解，据说有很多 40—50 岁的男性也表示"没有单独去店里吃过晚饭""出差的时候都是去便利店买便当回商务酒店吃"，等等。

根据经营网络市场的生活传媒公司（Life Media Ltd.）的调查，"没有"和"几乎没有"单独在外面吃过饭的男性总和高达 46%。"无法"单独在外吃饭和对在外吃饭"有抵触感"的男性总和也高达 37%。

30 多年前，日语中就有"个食""孤食"① 这两个词，但是

①"个食"和"孤食"都是一个人吃饭的意思。——译者注

他们所说的不擅长单独吃饭，又是怎么回事呢？与现在 50—
60 岁的人相比，50 岁以下的人群中，学生时代离家在外自己
生活的人减少了，就业之后还住在父母家的人增加了。所以，
年轻的时候有单独在外吃饭经历的人可能也在减少。因此，即
使到了 30—40 岁，也不擅长单独在外吃饭吧。

确实，最近在猪排店之类的地方看不到 40 岁以下的男性
单独一个人吃饭。虽然有收入减少的原因，但更多是因为他们
很难做到一个人在这样的地方吃饭。

另外，**便所饭**也曾经成为话题。它是指有一种学生因为

不想让人看到自己一个人在食堂吃饭，而躲到厕所里吃饭的现象。据说这些人认为，一个人吃饭会被人当成没有朋友的证据。我想他们应该更讨厌被人看到自己一个人在厕所里吃饭吧？

"一个人"往往还被简化说成"孤单"，好像一个人就代表不好。于是他们把便利店的便当或快餐买回家吃，或者到快餐店去吃饭……

深夜里**两个中年男性结伴**去吃饭的情况好像越来越多，这实际上可能也是因为想单独去吃饭的人正在减少。

另一方面，**单人烤肉**最近也引起了关注。一提到吃烤肉，给人的印象往往是几个人一边聊天一边吃。但据说最近单独去吃烤肉的人在增加，这真是一个复杂的时代，有单独去吃饭的人，也有不能单独去吃饭的人，现在出现了明显的两极分化。

# 文化系大叔

日本有个词叫**文化系腐女**，是指在年轻人中，对动漫很热心，反而对时尚和美容不怎么上心，或者在交际和吸引男性方面没有自信，不太注重打扮的女性。总之，是一个宅女。**釜饭女**也经常被认为是这类**文化系腐女**。

我发现最近有个叫"文化系大叔"的一类人也在增加。这些大叔原本对时尚和美容不太关心，他们关心音乐、电影、美术、读书等和文化有关的事情，大部分收入都用于文化消费。他们虽然也关心动漫、运动，但是又蔑视只关心这些的人。

他们并非没有交际能力，很看重DC品牌[①]，对时尚也有一些了解。另外，他们也并非不注重吸引异性，却蔑视只关心动漫、运动的女性，喜欢追求在音乐、电影、美术、读书方面和他们有共同话题的女性。

---

① DC品牌：设计师品牌和个性品牌的简称，英语是 Designer's and Character Brand。——译者注

这类男性好像大多出生在团块世代和团块二代之间，现在大约 50 岁。从音乐的角度来说，他们比以披头士和民谣为代表的团块世代更年轻，他们喜欢的音乐种类丰富，涉猎广泛，比如重金属、前卫摇滚、电子合成流行音乐、民族音乐，当然还包括爵士音乐、古典音乐等。特别是 Pink Floyd 和 King Crimson 等乐团的音乐，是文化系大叔们的必备选项。

　　他们的共同点是很多人都喜欢 Deep Purple 等乐团的重金属音乐，只是程度不同而已。所以，最近有很多文化系大叔去支持一个叫"Baby Metal"的女子重金属人气乐团。

　　由于这类文化系大叔的关注，最近的唱片市场正在不断扩大。他们不是用 CD 或下载的方式，而是用老式的密纹唱片听音乐（→**自主参与性**）。用密纹唱片听音乐让人感觉似乎能消除疲劳，非常适合这些年近花甲的文化系大叔。

　　一开始只是一些普通的爱好者去搜寻二手密纹唱片，但是最近的音乐界把目光也投向于此，着手翻刻销售起这类老式密纹唱片来。这种趋势发端于爵士音乐，从 2016 年开始，对摇滚音乐的唱片翻刻也在激增。

# 3

# 少子高龄社会的男女与家庭

# 生活关怀

在现代社会，特别是在少子高龄化社会，与"共享"同样重要的是"关怀"的问题。也可以说，关怀是目的，共享是关怀的一种手段。

提到"关怀"，可能首先想到的是对老年人的看护等医疗福祉行为吧。我在这里所说的"关怀"不光指这些，道路和建筑物的无障碍设施化、**倾听**、保育、饮食都属于"关怀"。

不仅是老年人，现在四五十岁的单身家庭和未婚人士也在增加（**→两个中年男性结伴而行**）。这些"单身人士"必须自己关怀自己。

下班回来，感觉肩膀酸痛，也没人给捶一捶，想贴个膏药自己也贴不好；累了也没人给做饭吃；感冒了也没有像电视广告里演的那样的漂亮老婆给买药吃。

单身人士在生活的方方面面都不得不自己关怀自己。这样的人会越来越多，所以，越来越需要与自己关怀自己有关的商品和商业活动。

我把这种市场称为**生活关怀市场**（《今后 10 年 1400 万团块二代将成为核心市场！》）。从那时起，我开始关心这类生活关怀（Lifestyle Care）所需的商品、商业活动、街区建设、政策等。本书提到的**社区便利点**、**社区流动公车**、**事事交换和存储时间**也是生活关怀的几个环节。

# 年轻人是稀有金属

就这个话题，我问过一位研究年轻人的大学研究员。

他说，20 世纪 60 年代的年轻人是"政治的主体"，当时盛行学生运动。而在 70 年代到 80 年代，年轻人变成了"消费的主体"，是一个追捧品牌商品的年轻人在增加的时代。

他还说，日本泡沫经济崩溃后，就业市场也陷入了冰河期，越来越多的年轻人不再是正式员工了。自由职业者和尼特族①也成为社会问题。换言之，这位研究员分析后说道，从 20 世纪 90 年代末开始，年轻人成了"社会的负担"。

但是，我认为今后年轻人的地位还会变化，不，应该说，已经处于变化之中了。年轻人今后会成为"稀有金属"，就是

---

① 尼特族：英语为 "Young People Not in Education Employment or Training"，简称为"NEET"。"尼特族"一词源自英国，根据"经济合作与发展组织"（OECD）定义，是指 15 岁至 29 岁，未在学、未就业、未有一技之长的年轻人。——译者注

说年轻人的数量会减少，劳动力不足，以稀为贵。

虽说还有些中老年人能做的工作，机械化也在发展，但还是有不少工作更适合年轻人去做。然而因为年轻人正在不断减少，所以企业将会相互争抢年轻人。

实际上，最近小时工的工资在上调，我认为，这与其说是安倍经济学的作用，倒不如说是年轻人的劳动力不足导致的。想通过上调工资多雇用年轻人的企业越来越多了。

# 3 个老年人扶持 1 个年轻人

现在的日本，能入职的适龄人口（= 生产年龄人口。15 岁到 64 岁）在减少，老年人（65 岁以上）在增加。所以，社会结构是 10 个在职人员对 4 个以上的老年人。据推测，到 2060 年，老年人会达到将近 8 个。这对于在职人员来说，负担真是太大了。

所以，现在的政府、财务省和厚生劳动省①等部门恐怕都在密谋，把老年人界定在 75 岁以上，并且由于几乎没有 15 岁就开始工作的人，他们还想把在职工作年龄改成 20 岁到 74 岁。这样一来，现在就变成 10 个在职人员对 2 个左右的老年人了。即使到了 2060 年，也不过是 10 个在职人员对 4 个以上的老年人，就和现在一样。如果 65 岁到 74 岁想工作的人有所增长，到 2060 年，社会就是 10 个在职人员扶持 4 个老年人（参照三

———————

① 厚生劳动省：日本负责医疗卫生和社会保障的行政部门。——译者注

浦展《日本的地价降至 1/3！》）。

现在 20 多岁年轻人的数量是 1200 万左右，而 65 岁以上的老年人有 3400 万，所以年轻人与老年人的比例大约是 1 ：3。在福利事业等方面，主要是年轻人扶持老年人，所以，相当于 1 个人养活 3 个人，真是辛苦。

但是，如果把增加的老年人看成资源，把减少的年轻人看成稀有金属（**→年轻人是稀有金属**），在社会中便会变成 3 个老年人扶持 1 个年轻人的现象。老年人也不想被人说成是社会的负担。他们会说，有些工作只有老年人才做得来。3 个老年人集中起来，应该能够扶持 1 个年轻人。

比如，老年人会帮年轻人照看孩子，给孩子讲故事，或者给双职工家庭、一个人生活且伙食不好的年轻人做物美价廉的家常便饭，把工作期间建立的人脉、获得的知识技术传授给年轻的企业家，独居老人把自家闲置的房间免费租给年轻人住，等等。

现在的年轻人没有钱，又很难成为正式员工，即使成为正式员工，工资也不怎么高。所以他们很难结婚，也生不了

小孩。要想斩除这一恶性循环，就需要这样一种机制：3 个
老年人集中起来，一点点去完成自己力所能及的事情，来扶
持年轻人。

# 受限式员工

我说的不是合同式员工，而是受限式员工[1]，意思是指工作需要受到限制的员工，这是劳动经济学家今野浩一郎造的词（《正式员工消失时代的人事改革　打造变受限式员工为战斗力的构造》，日本经济新闻出版社，2012 年）。

以前的男性员工工作时不受限制，就是说，加班、周末上班、单身赴任等，只要有命令，不管何时何地，立即开始工作。这就是所谓的不受限式员工。

但是现在，无论男女，都必须一边养孩子，一边照顾老人，一边工作，这样的人越来越多。有人到了中年，甚至要和病魔一边斗争一边工作。由于日本"一亿总活跃"[2]的计划，

———————————

① 合同和受限的日语分别是"契約"和"制約"，读音非常相似，所以作者才会做此区分。——译者注

② 一亿总活跃：安倍的倡议，"一亿"代表日本的全体国民，意思是指全体国民都应该为了社会发展而奋斗。——译者注

越来越多的人过了 65 岁还在工作，这些人不能长时间劳动，而且每天工作身体也会吃不消。

这个时代的很多人在工作的时候都会受到养孩子、照顾老人、健康、体力等各方面的限制。所以，这些受限式员工希望形成一种具备灵活性的组织或社会，能够舒适健康地工作。

# 事事交换和存储时间

我曾经给一部电影的宣传册写过一篇稿子，电影的名字叫《可爱老女人》[①]。故事以法国的终身年金（法语：Viager）制度[②]为契机展开。所谓终身年金制度，就是他人可以廉价购买业主还在居住的房子的制度。该制度规定，业主主要是老年人，一般情况下要在业主去世后才可以继承该房产。

在这部电影中，作为终身年金对象的公寓位于巴黎玛黑区（法语：Le Marais），有院子，是在日本不太常见的豪华型住宅。一个中年男人要从他父亲曾经的情人（92岁）那里继承它。

玛黑区和圣日耳曼德佩区（法：Saint Germain des Prés）一样，都是我非常喜欢的地方，从蓬皮杜中心一直延伸到毕加索美术馆附近，街上有不少的家具店和画廊。我曾经去过电影

---

[①] 可爱老女人：英文名 *My Old Lady*，日文名"パリ3区の遺産相続人"。——译者注

[②] 终身年金制度：法国以房养老的方式之一。——译者注

中出现的那家家具店，还在它附近的一家旧书店买过摄影集。

这些暂且不谈，看完电影后，我注意到一个细节：住在公寓里的这位女性教学生们学习英语对话，而学生们会把牡蛎和手工沙司送给她，还请她担任主治医生的工作。

其中理应继承财产的主人公有一句台词："是在技能交换吗？"技能交换并不是物物交换，而是**事事交换**。这和大城市中心的普通邻里关系不同，也并非完全靠支付费用来购物的生活方式。巴黎在 19 世纪末成为世界一流的消费城市，之后，大量艺术家云集巴黎，现如今，在巴黎其生活本身就是一种艺术。乍一看，在这座城市里无论有多少钱都不够花，但是其内部却存在这样的生活窍门，真是让我佩服。

电影中，这位 92 岁的女性自己用小型手推车把葡萄酒送到餐桌上。虽然是一个人生活，她却通过和大家交换技能的方式，始终自力更生地生活着。并且，她连房子都卖掉了，却可以一直住在里面，虽然上了年纪，却可以用自己力所能及的事和别人进行交换（共享）来幸福地活着。

另外，据说在荷兰的阿姆斯特丹附近有一家老人院，名叫

"HUMANITAS"，只要满足一个简单的条件，大学生也能免费住在那里。条件就是每个月和入住的老年人共处 30 个小时。在这个机构中住着 6 个大学生和 160 位老年人。大学生不光要准备老人们的用餐，还要和他们在床边闲聊，出席他们的生日派对，教他们怎么用电脑。

在日本的 SHARE 金泽也施行了这种方式（参考三浦展《下流老人和幸福老人》）。在那里，金泽很多美术院校的大学生住在带有画室的房子里。他们寄宿的虽说是房子，也只不过是个露营车而已，它的旁边有一个画室。像这种带有画室的露营车一个月的租金是 3 万日元，可以说相当便宜了。作为补偿，学生们要为住在 SHARE 金泽的残障人士和老年人提供相当于 3 万日元的志愿服务。

我第一次得知这种事事交换，是在《NHK 新闻》的报道中，在上海某个大型社区里有**存储时间**的现象。大型社区里居民之间的交往不足，因此，这种机制，自己给某个人做自己能做的事情，按照每小时计算存储自己的技能，并通过使用这种存储，下次获得某个人的帮助。

之后不久，我又得知在茨城县取手市有一个叫 UR（Urban Renaissance）的井野社区活动。其中有一家银行，叫**得意银行**，这家银行并不是一家存钱的银行，而是一家存储自己"得意的事情"的银行。它储存的是井野社区居民得意的事情，所以叫"得意银行"。

它和上海的那个大型社区有着同样的机制。如果自己给别人做 1 小时的饭，就能获得 1 小时英语会话学习的机会，自己和别人之间就像这样以时间为单位进行技能交换。并且还可以由此促进居民间的交流，形成一个共同体。

这样一来，这种形式还经常被人说成一种**地域通货**。说成地域通货也没有什么不好，但是就我所知，按照地域通货来算，教授 1 小时的英语和做 1 小时的饭之间是有价格差的。并且，获得的地域通货还得用在商业街的购物上。于是，就要比较英语对话、做饭和 100 克猪肉的价值，那就非常麻烦了。

相反，如果按照存储时间来算，无论是英语对话、做菜、打扫卫生还是唱歌，只要是 1 小时，其价值始终是相同的，并且不能和商业街上的商品进行交换。这样一来，进行技能交换就比较容易了。这是一大优点吧。我也知道有人引入地域通货却失败的案例，用存储时间换算的话，会很顺利的，不是吗？

米切尔·恩德（Michael Ende）在作品《毛毛》中描述说，经营时间存储银行的"灰先生"们盗取人们的时间，使人们的内心丧失闲暇。而这里所说的存储时间正好相反，是可以给人们的内心和钱包带来宽裕和幸福的。

# 宽松式大家庭

最近，政府提倡和鼓励三代同堂，在经济上也给予奖励和优待。这对经济来说的确是有好处的，同时政府在抚养孩子方面的相应投入和再生育一个孩子的鼓励措施也令人期待。

再者，从地方政府的角度来看，增加三代同堂的数量，能够使新一代的年轻人不再流向中心城市，而是留在地方。也许还有可能让年轻人从中心城市回到地方，那么地方就可以增加税收了。我想，这是政府奖励三代同堂的一大要因吧。

当然，其中也有自民党保守派期望大家族主义的因素。他们认为，这样的话，孩子照看起父母来，会更方便些。说起来，人们原本就有孩子应该赡养父母的强烈价值观，保守派们也有意削减福祉预算。

但是，父母和孩子太过亲近，相互之间都会不自在。有很多父母和孩子都认为不住在同一屋檐下，而住在附近比较好，这也是实情。就是说，父母和孩子住在同一个城市或者同一条沿线上倒是正好。比方说，父母在所泽，孩子住在同一条西武线沿线的练马；父母在调布，孩子住在同一条京王线沿线的府中，等等。如果是这种"三代近堂"，倒是很有好处的。这样，孩子可以时常去父母家一起吃饭，在紧急关头相互照应，还可以让父母帮忙照顾自己的孩子，等等。

我把这种现象称为"宽松式大家庭"。我认为，比起令人拘束的三代同堂来，宽松式大家庭更适合现代人。

# 2.5 个家庭同堂

日本有两个家庭同堂和三代同堂的说法，但是所谓 2.5 个家庭同堂指的是什么呢？

两个家庭同堂是指父母那一代及孩子这一代（已结婚的夫妻）住在一起，三代同堂是指两代同堂中已结婚的夫妻这一代又生了孩子（在这对夫妻的父母看来是孙辈）依然住在一起的情况。

那么，2.5 个家庭同堂是指两个家庭（或三代人）同堂再加上第一代的单身孩子（即已婚的第二代的兄弟姐妹）也住在一起的情况。在人口普查时，这些单身的孩子和父母一起住，不被视为独立的家庭。

但是，从"所谓家庭是指能够维持独立收支的群体"这一定义来看，如果收入和支出是和父母分开来的，还承担了一定的电费和水费等的话，也可以称之为家庭。于是强推两个家庭同堂住宅的房地产开发商——旭化成公司就提议，姑且把这些单身的孩子算是 0.5 个家庭，拥有大约一半的独立家庭收支吧。

那么，虽然无法统计究竟有多少户 2.5 个家庭，但是根据三菱综合研究所"居民市场预测体系"的调查，在 30—59 岁的未婚男女中，44% 是和父母住在一起的，其中有一定的比例是和已婚的兄弟姐妹住在一起的。

另外，在 30—59 岁的已婚人士中，和父母住在一起的人约占 12%，其中也有一定的比例是和自己的兄弟姐妹住在一起的。

最近甚至还有很多离婚后回到父母家的人，在 30—59 岁离异的男女中，有 15% 是和父母住在一起的。同样还有 6% 的人丧偶后是和父母住在一起的。

对于和父母住在一起的未婚成年人，山田昌弘把他们命名为**单身寄生族**（Parasite Single），现如今的单身寄生族，不仅包括 20—39 岁的未婚人士，或许还包括 40 多岁的单身妈妈、50 多岁的丧偶人士。

这么说来，在我工作地点附近的居民区，有挂 3 个门牌的家庭[1]。父母的家庭、女儿，及其丈夫的家庭要挂 2 个门牌，这可以理解，那第 3 个门牌是怎么回事呢？我猜想，是另一个女儿和她的丈夫分居了，因为还没有正式离婚就暂时回娘家住了吧。

---

[1] 在日本，通常 1 个家庭挂 1 个门牌，并且挂的是夫姓的门牌。——译者注

# 逆老老介护、老老内介护、朋友介护

老老介护是指一个 65 岁以上的女儿照顾 90 岁以上的母亲的情况。但是我觉得，今后 90 岁以上的母亲照顾 65 岁以上女儿的情况也会增加吧。我把它命名为**逆老老介护**。

根据三菱综合研究所针对 3 万人的调查"居民市场预测体系"中的"老年人调查"，80 岁以上还在照顾人的比例占 8.9%，这些照顾别人的老人中，有 8.5% 在照看小孩儿。

实际上，社会上存在 50 多岁还称不上老年人就先于父母去世的情况，我身边也有些这样的例子。还有很多孩子生病住院，年迈的父母去照顾、护理之类的情况。

一个 80 岁的母亲去护理、照顾一个 50 岁的儿子还说得过去，一个 80 岁的父亲会不会去护理照顾一个 50 岁的女儿呢？我猜想，这种情况今后还真有可能增加。因为总体看来，女性会和男性一样工作、喝酒、抽烟、承受工作压力，导致身体变差的情况在不断增多。

另外，从日本的经济发展这个意义上来说，女性和男性一样出去工作，努力赚钱，开始独立消费，也是好事。但是从不妨碍年轻一代的工作和消费，帮助儿女抚养、教育孩子这个意义上来说，父母一代的老年人彼此之间相互照顾的需求会不断增加吧。

我的母亲在 85 岁之前都是一个人在自己家里生活，后来因为腿脚不好，就请了一个女护工来帮助她料理生活。而且，这位女护工已经 88 岁了。这也和老老介护没有什么两样，不过称之为**老老内介护** [1] 更为确切。

再过 10 年，团块世代就会变成"老老年人"（75—84 岁），需要帮助和照顾的人就会增多。不过，此时的这群人不应该会寻求他们孩子的帮助和照顾。因为他们的孩子正好处于 50 岁左右，处于年富力强、拼搏的最后阶段。这群人应该会尽可能地彼此照顾，这样对孩子和整个社会来说都更省事。大家希望

---

[1] 老老内介护：照顾和自己年龄相仿的老年人。——译者注

75 岁的同伴，85 岁的同伴彼此老老内介护、彼此帮助。对于曾经被称为**朋友式夫妻关系、朋友式亲子关系**的这一代人，大家希望他们在生活方面也像朋友一样进行**朋友介护**。那么，对于企业来说，有必要开发出满足此项需求的商品。

# 有偿聊天

随着超高龄社会的发展，我也开始不断地思考针对老年人的问题。其中有很多方面，而最重要的问题之一就是聊天。尤其是女性老年人特别渴望跟人聊天，希望有人聆听自己说话。最近出现了一种呼声，即**倾听**很重要。于是，只负责倾听对方说话的志愿者，就应运而生了。

虽然这么说，但是也不可能就让"倾听志愿者"每天去听老人说说话。根本问题是，增加他们和平常遇到的人进行交流的机会，还是比较重要的，哪怕机会很少。

例如，听给住在住宅区的老年人提供帮助的某个NPO<sup>①</sup>工作人员说，NPO组织正在提供一种服务，帮买东西的老奶奶送货到家。据他说，帮她们送货到家，需要花费30分钟，弄

---

① NPO：Non-profit Organization 的简称，是指不以营利为目的的民间组织。——译者注

不好甚至需要 1 小时。

为什么需要那么长时间呢？因为老奶奶会让你到家里坐坐，不停地跟你聊天，说"哎呀，谢谢啦""你来得真好啊""哎呀，喝点茶吧"，等等，这时你只需要安静地做一个听她讲话的倾听者。令人比较苦恼的是，每次听到的内容都基本相同。这样一来，1 天只能去送 3 家左右，效率很低，那作为 NPO，只有好好听着喽。

我在《下流老人和幸福老人》中介绍过金泽市的 **SHARE 金泽**，其中也有便当配送服务，帮一些行动稍微有些不便的人把饭菜送到家里。这些人去送货到家的同时，还会认真地倾听老奶奶说话。据说他们即便听了很多次重复的话，也不会觉得痛苦，他们反而很愿意倾听。

这种慢条斯理的工作对效率至上的民营企业来说是不可能的。便利店和外卖小哥向老年人提供便当和商品的配送服务，是不可能花费 30 分钟甚至 1 小时听老奶奶说话的。

其实也并非这样，邮局就展开了对老年人的关怀服务。邮递员会去探访独居老人，确认他们的生活状况。不过这个是要收费的。每月 1 次 30 分钟 1980 日元。虽然让人感觉心里有点别扭，觉得邮局这些人真会打小算盘，但是如果老年人和他们的家人都能接受的话，这样有偿服务也不错。今后靠听老年人说话赚钱，会逐渐成为一门生意。

这对大城市的快递员来说是办不到的，但在人口较少、邮件不多的地区，这种生意是可行的。当然，在城市里肯定也有这种需求，着眼于此的商家今后还是会出现的。

# 男女老少共学

有个词叫男女共学，但是我认为今后是"男女老少共学"的时代。老年人拥有年轻人不具备的知识和经验，可能不值得称道，不过却会对年轻人起到不小的辅助作用。比如他们会做可口的家常饭菜、会腌梅干等。

当然，老年人还有很丰富的经历，比如去海外赴任的体验、搞辛劳的技术研究、讲战争中的故事等。另一方面，年轻人可以教给老年人不擅长的知识，比如如何使用智能手机和脸书、如何下载音频等。

像这样，男女老少之间互相分享知识和经验，共同学习的现象就是男女老少共学 **（→事事交换和存储时间）**。

这种学习方式是需要场所的。之后讲到的**社区便利点**，不仅是卖东西和吃饭的地方，还应该用作男女老少共学的场所**（→社区便利点、新邻里关系）**。

# 对孩子的社会性教育

我是从广播里听来的，说有一位知名时装女模特，当和她同住一栋公寓里的女演员外出的时候，会替这个女演员照看她的孩子。这种以前才有的邻里关系，正发生在同住一个市中心公寓里的名人之间。

不仅是名人，想拥有这种关系的人数也在增加，特别是那些自由职业、个体经营的妈妈更是如此。在日本，在托儿所的入院审查中，会优先考虑在市中心工作的正式女员工。我说的自由职业和个体经营，不是当地的蔬菜水果店或鱼店的老板，而是指像建筑师那样全国各地飞来飞去的女性，这样的人越来越多。然而，政府却将这些自由职业人士的地位一律置于正式社员之后，已经完全落后于时代了。

所以，这些自由职业的妈妈非常希望得到良好的帮助；还有些妈妈因为自己的孩子要排队进托儿所，甚至想自己开一家托儿所。

现在的年轻人不只希望物质消费和享受休闲时光，他们也很想做一些对社会有意义的事情。所以，经常会有人想开一家自己方便、与人方便的托儿所。

养育孩子本来就具有社会性，是在社区的人与人之间的关系中进行的。孩子毕竟是孩子，他们是在玩耍中不断掌握社会性的技能的。

战后日本养育孩子的方式有很大变化，在住宅区、公寓等封闭的空间中，只有妈妈和孩子四目相对。这导致妈妈养育孩子的压力越来越大，孩子的交流障碍也在增大。

如果今后的妈妈们把孩子放到社区的人与人之间的关系中进行社会性教育，这真的是非常周到的想法。

# 夜晚的育儿援助和新型父子家庭

说起对育儿援助，大家首先想到的是白天的情况。事实上，对当代的妈妈来说，夜晚也需要援助。

我自诩是"超级奶爸"。23年前，也就是我女儿出生后1年半左右，我每周都要到托儿所接送她2次。送孩子还好说，去接孩子真的非常辛苦。要准时下班，像兔子一样奔向托儿所，接孩子回家后还要做饭。不管下雨、下雪，都是如此（妈妈们应该都习以为常了）。

这样的生活令我最郁闷的就是，晚上不能去喝酒了。对上班族来说，能在工作之后去喝上一杯是相当解压的，我却因为要接小孩不能去。我每周接送两天，就要在妻子接送的日子里加班完成积攒的工作，基本没有多余的时间。接送半年后，有一天和好久没一起喝酒的上司去喝酒，不胜感慨。

现如今已经成为妈妈的女性，曾经从大学毕业到生孩子的

10 年，是和男性一样去工作，也和男性一样晚上要出去应酬的。她们一旦有了孩子，就瞬间没有了这样的"夜生活"，自然也会有人对此心存怨气。

夜生活不单单能解压，还是一个获取有利于工作进展信息的机会。从事食品、餐饮等相关工作的人，需要有时间去直接接触它，对于从事市场营销、商品开发、出版，甚至广告、设计和建筑等工作的人来说，晚上出去喝喝酒也是非常重要的。难以拥有这样的时间，会造成一种精神压力。

我偶尔会邀请一些相识的妈妈晚上出去喝几杯，当然征求了她们丈夫的同意。我推荐的店，味道很有保证。当然，大多是我请客，而不是 AA 制。我从这些积极工作的妈妈身上也看到了激情和朝气，还获得了不少新信息。和我这样多少有点人生经验和知识的人说说话，对于妈妈们来说，我想怎么也是有点好处的吧。各自都觉得有价值，就是所谓的**夜晚的育儿援助**。

另一方面，爸爸这边的生活方式也在改变。由于妈妈工作，做奶爸的爸爸就增多了，所以陪孩子过周末的爸爸也越来越多。我认为这是因为女性大多从事零售业、房地产窗口服务、美容等周末也要上班的工作。妈妈周末去工作，爸爸一个人和孩子一起过。我注意到，周末的公园里，带孩子的爸爸比带孩子的妈妈更多。

爸爸是工作狂，基本上不怎么回家，这样的家庭曾经被称为母子家庭。而现在周末的时候经常是父子家庭，这样的**新型父子家庭**越来越多。

# 熟年婚姻

很久以前就已经出现了大龄离婚这个词，但是未来将是"熟年婚姻"的时代。

就像**两个中年男性结伴而行**中写的那样，近年来，无论男女，中老年的未婚人数和生死离别人数都有所增加，今后还会进一步增加。

虽然大部分是中老年后再婚的情况，但是第一次结婚的人数也在增加，这是可想而知的。

实际上，统计得知，40—59 岁初婚或再婚的男性，在 2000 年是 57352 人，而在 2014 年则增加到 80546 人。40—59 岁初婚或再婚的女性也由 2014 年的 29652 人增加到 48243 人。

另一方面，在 2014 年，40—59 岁离婚的男性是 66225 人，女性是 56813 人，近年来增幅不大，还有减少的倾向。

所以，40—59 岁结婚的男性人数大于离婚的人数，女性结婚的人数也逐渐接近离婚的人数。

## 40—59岁男女结婚和离婚的人数

（单位：人）

| 年份 | 丈夫 初婚再婚 | 妻子 初婚再婚 | 丈夫 离婚 | 妻子 离婚 |
|---|---|---|---|---|
| 1950 | 15568 | 5059 | 9226 | 4775 |
| 1955 | 14315 | 5139 | 8286 | 4640 |
| 1960 | 15469 | 6538 | 6482 | 4119 |
| 1965 | 19060 | 10466 | 7059 | 4983 |
| 1970 | 20633 | 12953 | 9781 | 7068 |
| 1975 | 21789 | 14742 | 15216 | 10835 |
| 1980 | 21605 | 14797 | 23381 | 17089 |
| 1985 | 29010 | 19064 | 38037 | 28958 |
| 1990 | 43319 | 24633 | 38779 | 29719 |
| 1995 | 51909 | 27913 | 50583 | 39292 |
| 2000 | 57343 | 29652 | 68608 | 52788 |
| 2005 | 64612 | 33514 | 71009 | 55868 |
| 2010 | 70893 | 40017 | 71812 | 58524 |
| 2014 | 80546 | 48243 | 66225 | 56813 |

备注：资料由三浦展根据厚生劳动省《人口动态统计》制作而成

　　离婚人数之所以增幅不大，与其说是夫妻和睦的人数在增加，倒不如说是由于作为分母的 40—59 岁的人数和成为夫妻的总人数在减少。于是，当晚婚的情况达到顶峰的时候，40—59 岁结婚的人数反而增加了。

　　在拙著《下流老人与幸福老人》中问卷调查的结果，也证实了这一点，而且有配偶的幸福度远远高于没有配偶的人，男性尤其如此。所以我认为，不管是 40 多岁，还是 50 多岁，甚至是 60 岁以上，只要有合适的，还是结婚得好。

# 和家长一起洗澡的初中生

　　最近出现了一个话题：有些孩子都上初中了，还和父母一起洗澡。市场营销作家牛洼惠女士在电视上说："在某著名私立男子中学的一个初中二年级的班上，约有一半学生和妈妈一起洗澡。普查显示，和母亲或家里人一起洗澡的小学 5—6 年级男生约占三成，初中生约占两成。某个商业杂志曾经在一所著名的私立男子中学做过一次问卷调查，当调查问卷的问题都问完后，还有一些时间，于是老师就半开玩笑地问道：'谁和妈妈在一起洗澡？'有一半学生都举了手，这让老师都很惊讶。"

　　也听说有些已是初中生的女儿和父亲一起洗澡，即使到了高中也是如此。总之，这样的父女关系很融洽，不过这也太融洽了。牛洼女士把它称为**恋父（母）**。父母自然很爱孩子，但是这种**爱子（女）**也太过分了，不是吗？父母和孩子之间太没有距离了。

在 20 年前有一种说法，说现代人的年龄相当于以前的八成或七成，而我认为应该是以前的六成，这些人是**六成一代人**。即，现在的 20 岁相当于以前的 12 岁，30 岁相当于以前的 18 岁，35 岁相当于以前的 21 岁。所以，现在的 35 岁才相当于成年。（参照三浦展《新人类、为人父母！》"**35 岁成人说**"）。

以前，过了 20 岁，很多人就有了孩子，而现在一般是到了 35 岁才有第一个孩子。一个 14 岁的初中生相当于以前的 8.4 岁，所以和家长一起洗澡也可以理解（这样一来，现在的 18 岁大概是以前的 11 岁，可以授予他们投票权吗）。想来，在我提出"35 岁成人说"时结婚生子的人，他们的孩子现在都是初中生了吧。属于"六成一代人"的第二代。

最近，出于安保法和宪法修正等原因，有些人越来越担心征兵制会卷土重来。但是，像现在这样，孩子和父母这样黏在一起，是不可能去应征的。如果儿子去应征，妈妈肯定会自告奋勇地要代替孩子去。和平固然重要，父母还是要在养育孩子的时候，考虑一下孩子的独立性问题才好。

# 失亲之痛

以前，孩子一提到父母就嫌烦，特别是父亲，很让人不爽。但或许是因为团块世代为人父母后，对孩子的培养，不是压制孩子的个性，而是转向尊重孩子的自主性和个性，所以这一时期的孩子不再讨厌父母，相反，喜欢父母的孩子数量有所增加。

但是，团块世代也将近 70 岁了，他们的孩子也已经超过 40 岁。父母年迈，孩子也已经人到中年。岁月不饶人啊。

父母到了 70 岁后，会出现各种状况，比如患病染疾、视力模糊、跌倒骨折等。其中长期住院的人也在增加，死亡的情况当然也会增加。

深爱的父母病重，甚至去世，这个时候孩子会怎么样？他们会感到强烈的失落感，这就是所谓的"失亲之痛"。

实际上，我的一个男性朋友，父母是团块世代，自己是团块二代，最近就经历了这种失亲之痛。

我有点工作需要他来处理，就用脸书和他联系，始终没有联系上。过了 3 个月，他才回信说，父母都住院了，受到的打击很大，所以没能及时回复我。

我说等他稍微平静下来后再联系，可是等过了很久和他联系工作上的事，他依然没有回复。我没有办法，就给他的公司打了个电话，听说他辞了职。我很担心，猜想他是为了照顾父母才辞职的吧，结果听说他的母亲去世了。

我想，父母的生老病死自然会给他带来打击，但因此连工作都不顾了，这让我感到有点惊讶。放在以前，应该会有很多人为老态龙钟的父母终于去世而感到一身轻松，相比之下，他死了父母连工作都撒手不管了，这只能说明他和父母的关系真的是太好了。

有人说，团块二代必须一边工作一边进行**双重关怀**，既要养育孩子又要陪护老人。我们要不断缓解他们的经济和肉体上的压力，同时还要在精神方面给予关怀。

但是，据说在企业中，有歧视孕妇、歧视陪护等现象，就是指刁难怀孕的女员工或者因为陪护而不能全身心工作的男员工，真是岂有此理。要想得到优秀的人才，还是要制定一个双重关怀的员工制度吧。

这么说来，让我想到一件事，有一位著名的女歌剧演员要来日本公演"椿姬"，我买了票，她却没有来，给出的理由是她的孩子生病了。真遗憾，只好看了别人代她演的歌剧。还经常会有一些外国职业棒球运动员，为了孩子不再续约而回国的。

说到以前的日本人，是以不受限制去工作的男性为前提的（→**受限式员工**），他们在父母临死的时候也见不上一面，男性不用去照理陪护，并且当时的风潮认为，这是理所当然的事情。但是，今后再这样就行不通了。越来越多的人为了孩子，为了配偶，为了父母，会选择请假或调休。

# 墓友、墓宠、共享墓

据说有些人不和祖先或丈夫葬在一起，而是和朋友葬在一起，这种关系叫**墓友**。你会认为他们原本是好朋友才葬在一起的吧，其实未必都如此。据说和陌生人葬在一起的情况也很多。有些情况是，因扫墓之类的活动而聚集在一起的人成了墓友，去世后就葬在了一起。寻找墓友的人好像多是没结过婚或离婚的人，特别是女性。和陌生人像朋友一样生活在一起的地方叫**共享房**（Share House），所以墓友之间葬在一起的地方应该叫**共享墓**（Share Grave）**（→共享）**。

最近，自己死后留下的宠物怎么办？因此而发愁的人正在增加。现在，登记在册的狗的数量约为 660 万只，比日本 0—5 岁的孩子数量还要多。在老年人看来，街上狗的数量比孙子多。

虽然没有统计过猫的数量，但是根据三菱综合研究所对老

年人的调查，在养猫的人中，女性比男性多，特别多为未婚、离婚、丧偶的女性。因此也许应该说，经历越多的女性，就越倾向于养猫。她们会更加担心，自己死后，小猫该怎么办。

　　今后，想把宠物和自己葬在同一个墓里的需求或许会增加吧。实际上，在网上检索一下就会发现，很多人想和宠物葬在一起。好像在很多地方的墓地中，即使没有葬在同一个墓里，也都设有宠物陵园。尽管如此，今后或许还会出现这种人：担心自己先死，所以在死之前，和宠物一起自杀。

# 4

# 应该如何改变城市和街区

# 共享城

我在《第四消费时代》等书中关注过"共享"这个词（**→共享、第四消费**）。所谓第四消费社会，一言以蔽之，就是很少关心"私有"的社会。

所谓私有，就是为我或为我的家庭专用的东西。一般认为，就像私人住宅、私家车这些词所象征的那样，特别是在日本泡沫经济时代之前，人们的目标和幸福度的来源都曾经是要增加私有物品（**→社区流动公车**）。

然而从 21 世纪开始，人们的价值观发生了变化。越来越多的年轻人认为，不买房子，一辈子租房住也挺好，与其一个人住公寓，倒不如和大家一起住共享房，这样会更开心。

所谓共享房，就是一种几个陌生人同住在一套房中，共用厨房、浴室、卫生间、客厅和洗衣机等的居住方式。从这个意义上来看，它相当于单身宿舍，不过单身宿舍都是同一个公司的人住在一起的，会有束缚感。

而共享房是各行各业的人住在一起，所以好处是容易得到各种信息。当然，这种方式具有享受交谈之乐的团体性质，在防止犯罪方面也是有积极意义的。总之，安全性会有所提高。

话说，今后的老年人会越来越多，中年不结婚一个人生活的情况也会不断增加。这种具有团体性质而且安全性高的居住方式，对于他们来说，有很多优点。

年轻的男性可以不注重安全性，但是当他们上了年纪，也会在意起安全性来。在上班的时候，人们属于公司这样一个团体，所以在居住的周边不需要形成团体，更想一个人独处。但是越来越多的人退休后，是想在自己的生活圈里有个团体，结交朋友吧。

这样一来，不想憋在自己家里，而是想住在共享房的中老年人就会不断增加。

另外，如果认为住共享房很麻烦，可以把一些共享成分引入到生活中来，我想有这样想法的人应该也会增加吧。

哪怕只有一点点，大家彼此拿出自己认为可以共享的东西供他人使用，由很多这样的人形成的街区，我命名为"共享城"
（Share Town）。

一些人在星期天开放自家美丽的庭院（**Community
Garden**）；一些人开放已故祖父的书斋，供人在那里安静读
书；还有一些人开放已故祖母的茶室供人用作茶道、花道，或
者短歌会的教室……如果在街上随处可见这种部分式的分享，
想必是一件令人快乐的事情吧（**→广场与新公共事业**）。

# 共享街区

在东京台东区的谷中街区，有很多寺庙。最近，从谷中、根津、千驮木中分别取第一个字，合称为"谷根千"，变成了一个观光地，非常受欢迎。

在谷中，有一个寺庙经营的旧公寓，名字叫"萩庄"，之前由于破旧不堪，原本打算要拆除的。后来，有一位年轻的建筑师发起了一个活动，对它进行改造，并以此作为谷根千整个街区的据点，供大家使用。

这位建筑师提出，首先由房东和自己一起出资改造萩庄，把2楼的一部分改造成自己的办公室、可租借的办公室和店铺，把1楼改造成咖啡馆、可租借的画廊等，最终把它打造成了一栋复合型的建筑，名字叫"HAGISO"。

最近，人们还在热议这件事的时候，这位建筑家又有了新动作，他把HAGISO附近一个同样很旧的公寓翻新，改造成了宾馆供客人入住。虽说是个宾馆，其实就是和室类型的，只能用来睡觉。

在 HAGISO 办理入住手续后，再从那里走上两三分钟就可以入住宾馆了。

宾馆向客人提供符合他们要求的街道和店铺的信息，比如在谷根千还残存的古老日式房屋中有什么活动，哪里有可以自己制作尺八①来进行演奏的研究会。在谷中一带还会举行很多活动，宾馆都会把这些消息介绍给客人。也就是说，不仅提供住宿，还会提供窗口让他们去街上到处转转，让他们切身感受一下街区乃至日本的魅力。

早餐让客人在 HAGISO 的咖啡馆里吃，而晚饭则会推荐客人去符合他们要求的地方。宾馆里没有浴室，所以会建议客人到附近的公共澡堂。外国客人在这里反而更希望去公共澡堂，日本人自身也觉得这样比宾馆狭小的浴室更好。

像这样，不是把旧公寓拆掉重建，而是通过翻新改造，形

---

① 尺八：古管乐器名。竹制，竖吹，六孔，旁一孔蒙竹膜。因管长一尺八寸而得名。今仍流行于日本，形制稍异，仅五孔，前四后一。也称箫管、中管、竖篴。——译者注

成一个新模式：所有旧公寓连接在一起形成一整条街区，并将整个街区当作一个宾馆，形成共享场所。

在大型的城市宾馆中，既能解决早餐和晚餐，还有酒吧、游泳池、SPA、时装店。但是，这种城市宾馆不适合建在像谷中这样古老而有情调的街区。相反，把分散在整个街区的美味店铺、酒吧、杂货铺、小型美术馆、画廊和培训教室等连在一起，其娱乐方式就等同于一个大型宾馆。

今后，从海外来日本旅游的人会变得更多，当然也需要新的宾馆。在这些海外游客当中，也有很多人想看一看，或者体验一下日本日常生活及其生活状态的街区。

这样一来，像 HAGISO 这种尝试，不仅在东京，还可以在其他地区进行推广。


**参考文献**

MONIC 编著：《Tokyo Totem 主观的东京向导》，Flick Studio，2015 年。

猪熊纯、成濑友梨编著：《设计共享》，学艺出版社，2013 年。

# 遗迹残存的街区

有一次，一位属于团块世代的男性朋友告诉我，虽说都是出生在东京，但是出身下町区会更好。我也这么认为。

一般认为，在20世纪80年代，日本泡沫经济时代，品川区和湘南区的车牌号比练马区和足立区的更好，电话号码也是以4开头的更好，4是涩谷区周边的区号。品牌也有区域性，人们认为，山手区或湘南区比下町区的更好。

这是因为，在明治①以后，西洋文化开始从横滨传入，在生活方式上接受这些文化的人就住在山手，在湘南还拥有别墅。全体日本人在第三消费社会之前，都非常崇尚欧美之风，憧憬欧美的生活方式。

但是近年来，这种崇尚欧美的风气在减弱。反而被称为**和志向**的崇尚日本之风越来越强劲**（→第四消费）**。不知道为什

---

① 明治元年为1868年。——译者注

么，现在的人们越来越觉得保留传统生活方式的下町更好。大家的时代感已经开始发生变化：相比于不断出现新鲜事物的街道，下町与和服、浴衣、号衣①、烟火和小巷里牵牛花的盆栽相映成趣，更加魅力非凡。

不过，现实中盛行的城市建设和再开发，早在 20 年前，或许早在 70 年前就已经规划好了。因此，当时人们在街区建设和再开发时的价值观是，应该建造美国式开阔的道路和曼哈顿那样的摩天大楼。结果，他们不是在建设城市，而是在毁掉城市。

世田谷的下北泽车站一带，因其小巷布局杂乱无章而显得魅力十足，但是由于战后的规划重建了道路，那里慢慢地变成了空地。东急目黑线的武藏小山也是如此 (→暗黑女)。

这种再开发，意味着要提高都市的防灾性能和增加自治体的税收。进一步说，意味着房地产开发商和对此进行融资的银行会大赚一笔。但是，至于能否提高街区的魅力，我深表怀

---

① 号衣：手艺人、工匠等穿的，在领子上或后背印有字号的日本式短外衣。——译者注

疑。海外游客会欣然造访满是全新高层建筑的城镇吗？没有外国人会观光西新宿吧，他们更喜欢浅草、秋叶原、中野百老汇之类的传统街区，或者别具一格的街区。

# 翻建澡堂的时代

1951 年，在东京的 23 个区有 1393 家澡堂，伴随着经济的高速发展和人口的增长，到了 1968 年，倍增到 2687 家。

然而在那之后，年轻人结婚后搬到了郊区，东京人口开始减少。再者，住在有浴室的公寓的人也渐渐增加了，到 2013 年，澡堂降到了 645 家，相当于最盛时期的 1/4 左右。特别是在 2011 年东日本大地震之后，建筑受到破坏，有很多家澡堂也就此停业了。

也有专门大肆装修和翻建澡堂的情况，日暮里车站前的齐藤澡堂就是翻建的。但是，在原本就有很多澡堂的下町，却鲜有翻建的情况。

另外，有意思的是，年轻的一代也开始关心起澡堂来。在独享的时代成长起来的这些年轻人，开始痴迷于共享和共同体，在此潮流下，家里有浴室就不觉得有什么了，反而开始对

澡堂感起兴趣来。而且，有些学建筑的年轻女学生，要么协助翻建澡堂，要么想以旧澡堂为核心建造街区。时代真是变了**（→共享、第四消费、社区便利点、遗迹残存的街区）**。

　　澡堂，和电影院、车站等场所一样，是一个当地很多人会长时间使用的场所。实际上，澡堂就是一个地标，即使不去澡堂的人也会意识到它的存在。因此，拆掉澡堂盖成公寓，会让人觉得冷清难耐。所以，越来越多的人正在想方设法有效地使用澡堂。

实际上，在吉祥寺的澡堂里举办过摇滚音乐会，这种被称为"浴室摇滚"的音乐活动持续过相当长的一段时间。在京都，有些店把旧澡堂改造成了咖啡馆，非常受欢迎。

　　据说，根据某个年轻女建筑师的提议，齐藤澡堂被改造成了集休息室和换衣间于一体的大型活动场地，并在其中开展娱乐活动，除收取洗浴费用外，还收取其他服务费。

# 老人主题公园——阿佐谷

我经常去阿佐谷的电影院看电影。它不是一个普通的电影院，而是一个拥有独特主题、放映日本老电影（也有战前的，但是大多是昭和三十年到四十五年的电影）的小型电影院。

电影院的顾客群，看上去大体上 80 岁的人占两成，70 多岁的占五成，60 多岁的占两成，剩下的一成是 20 多岁到 50 多岁的人。其中 20 多岁和 30 多岁的人，要么是电影迷，要么是将来想做导演的有志青年。

电影院的附近有一条酒吧街。其中既有气氛很好的澡堂，也有个人经营的咖啡馆和旧书店。所以，看完电影后，可以去旧书店买几本书带到咖啡馆喝着咖啡看，还可以在澡堂泡个澡然后去小酒馆喝上一杯。

据说，这里以前有三家被称为"阿佐谷三大美人居酒屋"的小酒馆，都是些年轻貌美的女性在经营，东西也很好吃。后来其中有一家搬了家，其余两家还在。人总是满满的，有时候还预约不到。它就像东京的中央线，人们在这里过着相当奢侈的休闲时光。

很久没有提过"老年营销"这个词了。阿佐谷虽然不是一个进行老年营销的街区，但是结果却成了老年人颐养天年的地方，可以说像是一个**老人主题公园**般的存在。

在老年营销中很重要的一点就是，不用消费也能消磨时光。老年人已经拥有很多东西了，甚至到了不得不断舍离的程度**（→从更美生活到个人最美生活、捡漏时代）**。

而且，不少老年人都有积蓄，衣食无忧，而且需要的不仅仅是花钱买物质方面的产品。虽然他们在旅游时钱也花得快，但是这样也就只是观光地受益而已。而普通的商业街，就像阿佐谷这样，聚集一些电影院、咖啡馆、旧书店、澡堂和小酒馆，也是一种针对老年人营销的对策**（→遗迹残存的街区、翻建澡堂的时代）**。

# 广场与新公共事业

最近，人们重新关注起广场来。世界级建筑师畏研吾和研究城市史的第一人阵内秀信编纂过一本书，叫《广场》，就是其中的一个体现。在我看来，不光是这本书，最近的年轻建筑师，以及致力于城市建设的人们，都非常重视广场。据说《广场》这本书也是由年轻的编纂者策划的。

在具体的广场建设方面，还有个引人注目的案例。

在佐贺县佐贺市，中心市区的衰落长期以来都是一个令人很困扰的问题。建造了楼房却租不出去，很多商店经营惨淡，空空如也。不仅如此，有的商店甚至被拆掉，变成了停车场。

想来这样下去可不行，行政部门也在寻求新的思路，于是就把这件事拜托给了佐贺当地的一个建筑师。而他把那片空地规划成市民可以自己动手种植的草坪，并在广场上放置了一些半新不旧的集装箱，供市民用来读书看报（→ Rethink）。

于是，人们都聚集而来了。孩子们在草坪上赤脚玩耍，广场上还出现了卖食品的售货车。这样一来，不用花太多的钱就提高了中心市区的活力。

那么，现在的年轻人为什么会关注广场呢？其背景是他们开始关心起**新公共事业**来。

所谓"新公共事业"指的是什么？它和"旧公共事业"有什么不同？

简单来说，"旧公共事业"的主体是行政部门，由公务员来考虑如何使用国民缴纳的税金，相当于国民用这些税金购买了行政服务。

与之相反，"新公共事业"的主体是市民。市民自己建造自身需要的东西。由此，出现了这样一种契机：他们不只是尽全力充实自己的私人生活，还会为了公共事业而奔忙。

在旧公共事业的行政部门看来，这也是可行的。高龄化给行政部门带来了财政困难。说实话，公共事业部门属于人们意欲削减的事业。市民们总觉得行政工作既花了钱，还没有效率，意义不大，对此很是不满。

于是，社会上就出现了一种想法：不用通过行政部门，而是通过市民自己或者民间企业的力量，出钱去做力所能及的事情。市民们也希望如此。

市民自己去做各种公共事业，就会减少财政支出，所以行政部门会很开心；在市民看来，这不是公务员式的死板工作，而是能够满足自我的事业，也很开心；至于民间企业，它们参与进来，能进行更加快乐的服务，也很开心。这样一来，发展新公共事业对政府、市民、企业来说都有好处。

当然，新公共事业不只是建设广场，福祉、保育、图书馆等很多领域都值得期待。例如，把图书馆的运营委托给民间企业的情况正在增加，下一步还可以鼓励市民把自己的书房开放出来充当图书馆的分馆 **（→共享城）**。这些形式多样的书房，囊括文学、建筑、艺术等，各具特色，与普通的图书馆比起来，更有可能彰显出个性化藏书的乐趣。

**参考文献**

马场正尊 +Open A（编著）、木下齐等：《PUBLIC DESIGN 新公共空间的建造方式》，学艺出版社，2015 年。

# 摊位区

最近，年轻建筑师想自由地建造售货车。建筑师去建造售货车，真是太搞笑了。

当然，其背景是，日本已经有了很多高楼大厦，年轻建筑师们很少有发挥的空间。另外，现在所建的大楼基本上都是由大牌设计事务所设计的，而私营的个人事务所无法插手。

虽说如此，这些小的事务所应该也用不着去设计售货车吧。其中还是时代的感性色彩在起作用。

现在的年轻建筑师（不仅限于建筑师）对单纯地建造建筑和空间漠不关心，而对人们在建好的空间内如何活动、空间能引起人们什么样的活动，兴趣甚浓。按照稍微专业的话说，就是关心如何把空间（Space）变成场所（Place）。

空间，即使没有人存在也可以称为空间，像宇宙空间（Space）就没有人。但是场所没有人就不能称之为场所了。空间里有了人就变成了场所（**→自主参与性**）。去建造使人无意识地想参与其中，并把它变成自己住所的空间，是现在的年轻建筑师相当一致的想法。

这样的建筑师并不想进入大牌设计事务所，人为地建造注重效率的办公室或公寓，而是想建造更加充满活力的居住场所。或者说，想建造更加享受偶遇性质的场所，也就是想建造带有机缘巧合色彩的场所（**→捡漏时代**）。从这个意义上来说，售货车会通过走街串巷的方式，引起人们之间的对话交流，这是吸引年轻建筑师的魅力所在。

以前的大街小巷都有很多售货车。听说在银座曾经也有过很多售货车，这是我不知道的。但是现如今，街道上的大楼激增，商业设施也趋于大型化，郊外的大型购物中心（Shopping Mall）成了主流。

不过，只有这些就可以了吗？现在的年轻人还有这样一种感性的想法：希望到处都能发现小而具有个性的商店，鳞次栉比地排列在街市之中。

我把这种小店和售货车并排而放，零星卖点东西，令人感到轻松愉快的情况命名为"摊位区"（Chopping Mall）（参照三浦展《人类的居所》）。

在日益萧条的商业街，商店的东西卖不出去，但是早市（农贸市场）就能卖出去。虽然卖的东西和之前一样，但在早市上就很畅销。我认为其中的原因就在于商店只是一个"空间"，而早市则是被称为"市场"的"场所"。人们对场所情有独钟。

在郊外住宅区的站前广场搭建摊位区也比较容易，它能让郊区变成像城市一般热闹繁华。比起大型购物中心来，居民们会更加喜欢这些摊位区的。

# SNS 使城市分散化

不用说，当下在推广一个地区的时候，像脸书这样的SNS（社交网络服务）是十分有效的。在没有 SNS 的时代，我们会想着"今天有时间，去涩谷逛逛吧""去原宿的那家咖啡店，会不会碰到朋友呢"，才愿意出门逛街。这样一来，人们必定会聚集到涩谷、原宿等这种市中心的人口密集区。

但是现在，我们每天都会在 SNS 上收到许多"某月某日有什么样的一个活动"之类的推广信息，收到建筑师开放自己设计的房屋供人参观的开放日活动、厨师举办的试吃会、关注健康的人一起做瑜伽和讨论养生食谱的活动、音乐同好会，等等，各种各样的推广信息。这些活动的举办场所很少在市中心，反而是在不曾去过的住宅区。

会有很多人前来参加这些活动，人数 30—50 个。假设明天在东京的 23 区有 5000 个这样的活动，并且平均每个活动有

50 个人参加，就会有 25 万人各自分散在不同的场所，享受着这些活动。

可以说，这些集会活动各自都是一种城市般的群体。过去，人们总是聚集到市中心的繁华街去消费，但是现在，SNS 可以瞬间让多地同时形成一个类似于城市般的景象。

所以，无论在郊区还是在外地，要想让一个城区热闹起来，只需要一人之力，通过 SNS 制作一个可以把大家邀请来的内容就可以了。

创作活动内容，并不是（像制作吉祥物一样）简单说明一个事件就可以了，而是需要先从当地的资源入手，然后结合个人的兴趣和中意之处。

最近，我碰巧认识了一位女性朋友，她在东京青梅市的工商会工作，会在脸书上发布各种活动的信息。我之前从没有去过青梅市，但是从她脸书上的信息感觉到青梅应该很有趣，于是就在 2015 年去了 2 次。

青梅市的人口每年都在减少，但是去那儿一看，发现它的自然和历史资源都很丰富，让人感觉很舒心。我了解到，青梅市的纺织工业历史悠久，曾经还被当作驿站人山人海。对自古就住在这里的人来说，这些资源再自然不过了，并不觉得是资源，但是在外人看来，却是很有价值、很有意义的。青梅市是一座像美国博尔德城（Boulder）一样的城市（**→郊区的新生**）。

之后，我在 2015 年还去了一趟千叶县的松户市。这也是因为我在脸书上发现有个人经常提到松户市很有趣，后来一个偶然的机会，我和这个人成了朋友，所以当时就立刻前去采访了。

虽然这么说很失礼，但是如果我在松户市没有那个有趣的朋友，是绝对不会去的。但是，他那里好像每天都有从其他城市过来考察的人。所以，这真的是一个只要在社交媒体上发布有趣的活动的信息，就会有人不断聚集而来的时代。

这个时代，只要有三两个人经常在小城市举办活动并将信息发布出去，不管是怎样的一个小城市、小镇，都会有人从别处聚集过来，将小城市、小镇变得像大城市一般热闹。虽说奥运会之类的大型活动也有这个吸引力，但是各地多举办一些这样的小型活动，才会提高东京乃至整个日本的魅力。

# 从只去睡觉的卧城到终日卧床的卧城

　　有一天，我看到一则引人发笑的新闻报道。报道中说，郊区的新城（New Town）对于男性上班族来说，只不过是一个洗澡睡觉的卧城（Bed Town，也叫卫星城）。然而，这种新城却变成了**老人城**（Old Town），净是一些终日躺在床上的老年人——曾经的男性上班族都退休了，越来越年长，整天卧床不起。

　　但是，这种事绝不能一笑而过。从最近的人口调查来看，距离市中心越远，人口越少。这是因为，在郊区新城出生长大的一代人，会通过结婚等契机，搬到市中心附近去。市中心的高层公寓反而开始增加，年轻人和属于团块世代、目前已经退休的富裕群体会从郊区搬到这里来。这样一来，郊区新城就只剩下没钱的年轻人和老年人了。

　　今后，全日本年轻一代的人口会进一步减少。地方政府争

夺这少量年轻人的时代将会来临（**→年轻人是稀有金属**）。要想在这个争夺战中获胜，地方政府有必要充分支援年轻父母养育孩子，如增加托儿所的数量等。如果有地区因嫌弃太吵而反对建托儿所，那么只会导致该地区的衰败。

当然，仅仅只是帮助父母养育孩子，对于一个城市的繁荣来说是没有太大用处的，还必须进一步提高城市自身的魅力。我认为，有必要进一步推进郊区新城的城市化建设。不是增加高楼大厦或者商业设施，而是增加就业岗位，这才是首要任务。城市建设应该是这样一个流程：就业岗位增加了，就业人员就会增多，为这些人开设的店铺也会增多。另外，为此还要建设新的交通工具（**→社区流动公车**）。

**参考文献**

上野淳、松本真澄:《多摩新城物语》，鹿岛出版会，2012 年。

# CCRC

CCRC 是 Continuing Care Retirement Community 的缩写，这个概念来自美国。直译为"持续照料老年人的社区"，但是我不太明白它的意思。

在日本，大多数情况下，老年人直到不能走路，或者终日卧床，才会入住养老院。并且，这些设施是按照需要护理的程度进行分类的。

而 CCRC 则是需要老年人在健康状态下入住的社区，年龄越高，就越需要照料。但是这些老年人也无须转移到其他社区，可以在这里安度余生。

根据三菱综合研究所的 Platina 社会研究会的调查，全美国约有 2000 所 CCRC，大约有 70 万人居住，市场规模高达 3 兆日元左右。

另外，CCRC 为了延长居住者的寿命，会分析与其健康状况相关的大数据，给他们缜密而程序化地制定预防性医疗、用餐、终身学习、轻体力劳动和社会参与等计划。因为在没有护理保险的美国，护理程度越高，经营者的成本就会越大。这一点与依赖护理保险的日本完全不同。

也有与大学合作的CCRC。高年级的学生可以重返校园进行学习，并将学到的经验活用在教学中，过着**半学半教**的生活。

据说，在麻省的 Lasell Village，居住者每年要接受450课时以上的大学课程学习，非常受欢迎（**→男女老少共学**），这样老年人就不会变痴呆。由于少子化的影响，日本的学生正在不断减少，日本的大学也应该和CCRC进行合作。

在设有CCRC的地区，会产生大量的工作岗位，也能缓解高中和大学毕业生的向外流失。它会产生产业活动、工作岗位和消费需求，所以地方政府也有望增加税收。

**参考文献**

http://platinum.mri.co.jp/platinum-society/preface/index.

# 衰落的郊外住宅区中的隐形难民

众所周知，如今的年轻人没有钱，不过还有些人不年轻也没钱。从老家出来工作，但是由于经济萧条岗位减少，不少人又回了老家。

下面就是一个实例，有一位40多岁的女性，最后选择回老家，住在已故父母的公寓里。听说那里曾是一个高级公寓，位于郊区，由于空置多年，用水管道都已经漏了。但她也没钱去修，就把自来水给停了，还停了煤气，只用电灯。据说，她都是到公寓的物业管理室或者便利店去上厕所，去公共澡堂洗澡。

这样过日子，真有点让人不敢相信。她过去可是住在郊区新兴的住宅区里的。然而，的确有很多年纪更大、靠着养老金勉强度日的人。所以，这些人中或许还真有不少连电话和电灯都要停用的人。

从表面看，郊区的房子都盖得很好，但是却正在发生着这样的衰败。

# 郊区的新生

现如今，郊区呈现少子老龄化，人口减少，可以说正在朝着人烟稀少之地的方向发展。例如，春日部市的人口在平成[①]二十五年 12 月到平成二十六年 12 月，一年间减少了 1277 人。类似的情况还出现在东京郊区的很多地方（参照三浦展《东京将从郊区开始消失！》）。

但是，我想把这种现象作为积极考虑郊区今后发展的契机。

说起来，我最近一直都在想，最好不要再使用"市中心"和"郊区"这两个概念。如果使用这种概念，郊区就变成了从属于市中心的地方，变成了到市中心去上班的人，特别是男性，只把这里当作精疲力尽后回来睡觉的地方。

要想认可被称为郊区的地方，当然最好把这里当作独立的

---

① 平成元年为 1989 年。——译者注

"地方"，这样更能让自己意识到，它是独立于市中心的存在。

实际上，自日本经济高速发展时期以来，以东京站为中心的方圆 40—50 公里的区域，是因年轻劳动力迁往市中心而人口减少的地区。这里原本就是"地方"的农村，只不过在 20 世纪 80 年代变成了住宅用地，被当作郊区而已。

然而现如今，年轻人都涌向了市中心一带，这些地方人口就减少了，于是这里又回到了当初。

正因为如此，这个区域就是独立的"地方"，就是农村。这样想，反而会发现这个区域固有的资源，能发现它的独特价值，让它重获新生。

每个区域都要把自己当作独立的存在，认为自己是世界的中心，就像一个"独立城市"一般。

但是变成独立城市，并不是要建高楼大厦、高级公寓。说到底，是通过建造一个让人类享受自由、快乐的场所来实现。

为此，我们要继承发扬曾经住在这个地域的人的记忆，而不应该破坏车站、电影院或学校等供人们聚集的场所。

而且，城市化也不是要破坏自然。恰恰相反，作为人类居住的场所，应该把它打造成一个城市和自然二者兼备的地域。

例如，在美国的科罗拉多州，有一座很棒的小镇，叫博尔德。作为文化遗产，这里有意识地保留了以前的电影院和旅馆。人工挖掘的小河（Creek）包围着小镇，沿着草木茂盛的小河有一条自行车道。这里成为继承历史、亲近自然的所在。

因此，博尔德也被称为"**洛哈思**[①] 胜地"，有很多前来徒步旅行的游客。曾因马拉松选手去那里进行高地训练，而在日本广为人知。日本也应该在各地建设这样的小镇。我认为，在东京的郊区，像奥多摩、秩父和房总等地，也可以建设出博尔德来。

探寻当地资源的有效方法之一，是去看看当地政府建立的地方博物馆、地方资料馆（参照三浦展《田园式的现代东京》）。我以前写过几本关于东京的书，为此去地方博物馆找资料的时候，发现地方博物馆有很多自己整理的有趣的资料。

---

[①] 洛哈思：LOHAS，Lifestyles of Health and Sustainability 的英文缩写，意为健康环保的生活。——译者注

而且，我一直在研究郊区，如果把郊区视为新型住宅区来着手研究，就会发现，它的历史很短，各个区域都盖着相似的住宅，如出一辙，没有个性。但是，当我去首都圈的一个郊外住宅区作调查，发现其周边还保留着丰富的原始森林未被开垦。

我很好奇这是为什么。调查后得知，那里在中世①的时候是一座城池，曾被某个武士统治着。但是，听说丰臣秀吉统一全国后那里就变成了一座废城。啊，是这样的，这个区域作为住宅的历史虽然短，但是从更长远的角度来看，就会发现其历史价值。于是我想，如果利用好这小小的一段历史，会成为当地的资源。

例如，在北区的赤羽有一片很大的住宅区，在当地的地方资料馆里，有这块住宅区的相关研究资料。其中显示，幕府末期的欧美人非常喜爱自江户时代以来作为樱花胜地而闻名的飞鸟山，这也十分有趣。

在葛饰区有很多城镇工厂和公共澡堂，在当地的地方资料

---

① 中世一般被认为是日本的镰仓到室町时代。——译者注

馆里，有与此相关的实地调查资料；在荒川区的地方资料馆里，有汇总战前该区曲艺场和电影院情况的资料。说到曲艺场，我原本以为浅草和神田比较多，当得知荒川区在战前也有很多时，我吓了一跳。

虽说这些区都在东京的 23 个区内，但是从大正到昭和年间，甚至到战后，其中的一部分仍是郊区。这些郊区是一种双重性质的存在，它们保留着作为农村、作为城镇工厂、作为住宅区的一面。这一点十分有趣。

很意外，我们竟然对自己住的区域一点都不了解。特别是男性，整天都在公司上班，很少有机会去了解它。至于当地的历史，大家通常都不太了解。但是，要想把一个区域搞活，当然需要每个居民去了解这个区域的历史，并对它恋恋不舍，以它为傲。

# SUNABA 好过 SUTABA


　　来自美国的咖啡连锁店星巴克咖啡（SUTABA[①]）现如今已经普及整个日本。尽管如此，就在不久前还是有些地方没有星巴克，比如鸟取县。

　　据鸟取县知事[②]说，鸟取县虽然没有星巴克，但是有沙丘（SUNABA[③]），诚可谓名言警句了。鸟取县没有星巴克的原因之一，据说是这里原本就有喝美味咖啡的文化。

　　在东京都的 23 个区中，有些地方的星巴克就比较少。这是因为星巴克的品牌战略中，一开始就没有在东京的东边开店的打算。

　　但是，我提提这些地方的星巴克比较少，并不是想说品牌战略上的问题。在中央线的西荻洼和高元寺就没有星巴克，因

---

　　① SUTABA：星巴克咖啡，英语是 Starbucks，日语读音简称为 SUTABA。——译者注

　　② 知事：日本都道府县的首长。——译者注

　　③ SUNABA：意思是沙丘，与星巴克的日语读音非常相似。——译者注

为在这些地方过去就有味道不错的咖啡馆，还有几家卖咖啡豆的专卖店。

2015 年，用挑选过的咖啡豆一杯一杯泡制咖啡的店从美国进军东京市场，一时成为热议话题，店前甚至排起了长龙，被称为咖啡的**第三浪潮**。

但是，这种第三浪潮的咖啡原本就是学习日本咖啡馆的产物。严选采购咖啡豆，在店里烹制，接收订单后再放豆煮制。以前在日本大街小巷的咖啡馆都是如此。好像是美国人知道后，很是钦佩这种在店里就能轻易喝到美味咖啡的方式，并开始效仿的。总之，最初的咖啡是第一浪潮，量产时代之后的咖啡被称为第二浪潮，随后一杯一杯精心烹制的咖啡则被称为第三浪潮。

我在西荻洼有个作坊，喝自制的蒸馏咖啡，所以在西荻洼如果不是味道非常好或氛围非常好的咖啡店，我是不会去的。我完全不去其他地方的星巴克，也没有喝过第三浪潮的咖啡。

现在早就已经不是自满于拥有高楼大厦、赛事场馆、大型购物中心和星巴克的时代了。今后，街上没有星巴克，但是有不同于星巴克并拥有独特价值而聚集人气的地方，才更为重要。

# 喜欢"地方"① 的年轻人

在提出"创建地方"等战略之前，越是感受性丰富的人，就越会关注"地方"、搬到"地方"去住，越会致力于构建东京和"地方"的新型关系。人总是想要自己没有的东西，现如今出生在大都市圈的年轻人没有故乡和老家的概念，所以他们就更想住到"地方"去吧。

以民营为主体开办的**翻新学校**（Renovation School）最初也是从北九州开始的，而现在全国已经有几十家了。

翻新学校的活动是，让来学校听课的人拟定翻新计划，并呈送给业主，使"地方"空置的店铺等房地产物尽其用。其机制是，装修公司在之后和业主一起据此做一番事业，使这一片

---

① "地方"：特指相对于首都以及以首都为基准的大城市而言的区域，所以用引号标注起来。如"地方政府""地方博物馆""地方资料馆"之类的词组就是此类含义。——译者注

区产生新的商业活动。

我也为这种活动提供过帮助。聘请建筑师隈研吾先生做审查委员长，于 2014 年在福井县福井市实施的"滨町社区设计大赛"就是其中之一（参照三浦展《人类居住的场所》）。

福井市被认为是全国最郊区化的县厅①所在地，这个活动激活了福井。之前有些人认为使用补助金建造一个大型建筑物能激活福井，不过他们现在开始意识到，给充满干劲的年轻人提供施展才华的场所，才能真正激活福井。

要想激活城镇，首先要充分了解它，"发掘它的历史"，这一点很重要 **（→郊区的新生）**，但是令人想不到的是，我们根本不了解自己生活的城镇，总轻易地认为那里没有什么有趣的东西。不过，如果我们换个视角来看，那里会有很多可供利用的资源。

通过了解历史，可以唤起居民对那片土地的**市民自豪感**（英语：Civic Pride，对城市的自豪和爱恋），自觉意识到自己是构成城市的一员。并且，也可以使不住在这片土地上的人对

① 县厅：日本办理县级行政事务的政府机关。——译者注

它怀有敬意。结果就会产生一个良性循环，使大家愿意把这片土地建设得更加美好。

我们要努力从各个视角重新审视一个地区，而不是把它看成普通的房地产。以不同的视角发现一个城镇的美好，才是重要的，比如探寻城镇的宝藏，欣赏路边的风景，探索隐藏的暗渠，等等。

例如，杉并区的房地产有限公司 N9.5 就不是马上向来找房源的客人做房产介绍，而是带他们去参观那一片区域，让客人先有个认识。据说，其意图是让他们由此想象一下，住在那里过的会是一种什么样的生活。

在自己爱恋的区域做自己力所能及的事情，是现在的年轻人"创建地方"的做法。


**参考文献**

伊藤香织、紫牟田申子监修：《市民自豪感 2》，宣传会议，2015 年。

吉村生、高山英男：《暗渠爱好者！》，柏书房，2015 年。

# 四张半榻榻米 <sup>①</sup> 新生活

移居到"地方"的年轻人，其共通的感觉，是想要**职住一体**。战后日本人的工作方式推行的是**职住分离**，工作地和住宅分开。公司员工自不必说，就连在商店和工厂工作的人也是如此。过去是他们把自己家的房子原样充当店铺，住在里面，而后渐渐地住在了远离工作地的地方。

但是，太过于区分工作地和住宅，自然要面临远距离上下班的问题。越来越多的年轻人，虽然很感谢自己的父辈努力工作买房子，但是自己却讨厌过这样的生活。越来越多的人追求的生活方式是，有了网络就能在自己家里工作，只在必要的时候才去市中心，哪怕是住在"地方"，甚至是住在孤岛上。

另一方面，租住在市中心非常狭小的公寓里的方式很受欢

---

① 日本传统的榻榻米大小一般是 0.91 米 ×1.82 米 =1.66 平方米。——译者注

迎。狭小到只有 7 平方米，相当于以前的四张半榻榻米大。里面有厕所和浴室，但是洗脸池和洗碗池是共用的，甚至有的房间的厕所连个门都没有。

在这样狭小的房间里能生活吗？可以。这是因为现在的年轻人没有家当（**→简单一族**）。没有冰箱和电磁炉，都去便利店。智能手机取代了电视和音响。房间里只要有被子就可以了。所以 7 平方米足够用啊。

20 世纪 70 年代的学生大多是住在四张半榻榻米房间里生活的。一般都是公用厕所，没有浴室。但是，后来生活越来越富裕，东西也越来越多，电视是显像管式的，很占空间，音响是组合式的，所以很大，于是就搬到更大一点的房子里去住了。

可是，现在年轻人的很多生活需求都能交给便利店和智能手机，不再需要别的物件了，在狭小的房间里反而更好。这就叫"四张半榻榻米新生活"。

住着这种房间的年轻人多半是强烈希望缩短上下班时间，一下班就能回去早点睡觉的人。即，希望**职住相邻**。

但是，想象一下，或许有这种可能性，平时过着离市中心工作地近的"四张半榻榻米新生活"，周末到农村去过**田园生活**。还有一种享受自由生活的方式，比如去郊区的农村种地、到房总①去冲浪，廉价租借一个农村旧民居打造成趣味房间啦，等等。

这样想来，选择"四张半榻榻米新生活"的人，比在偏远的郊区买了房子、每天筋疲力尽地去上班的人要高明许多。

---

① 房总：指安房、上总和利根川以南的下总地区。——译者注

# 新邻里关系

　　最近，邻里关系好像又活跃起来。在我的工作地杉并区，出现了以附近居民为中心，朋友、熟人带着食物一起吃的活动。

　　其中之一就是，N9.5施行的"彼此食堂"活动。该活动是在2013年作为激活商业街的事业而实施的，包括把在商业街购买的食物带到商业街内的厨房工作室（Kitchen Studio）去吃的"自带饭菜食堂"，和使用在商店街里购买的东西和当地人一起做饭吃的"彼此食堂"，共实施过4次。即便该活动结束后，依然有成员聚集而来继续做这个"彼此食堂"的活动（参照三浦展《下流老人和幸福老人》）。

　　在"彼此食堂"中，菜谱基本上是确定的，但是没有教做饭的人，也没有做法指南。目的就只是"大家来做美味佳肴"。因此，参与人之间要一边交流一边做。如果把整个街区比作一个大的共享房间，那么，"彼此食堂"的定位就是一个**共享厨房**（Common Kitchen）、**共同生活区域**（Community Living）（→**共享街区**）。

这里不只是同一个家庭的人来参予，类型还可以更多。哪怕是味噌汤的一种调料、一种盛汤方式，由于成长的环境和出生地不同，每个人的喜好还真是千差万别。大家彼此享受着其间的差异和交流。参加的人形形色色，有生活在商业街附近的人，也有特地从很远的地方来参加的人。只要提前申请，无论孩子还是大人，都可以参加。

像东京这样的大城市，也会出现老龄化的倾向，独居的老年人越来越多。一个人吃饭甚是冷清，只做一个人的饭也很麻烦。这样一来，大家聚在一起吃既开心，还有干劲，菜品的种类也会增加，营养也能均衡。

而且，在杉并区原本就有很多年轻人独自生活，再加上最近越来越多的女性生孩子后又去上班了，所以很多人都没有时间做饭。另外，只靠父母，特别是只靠母亲来养孩子，压力也很大。如果这些人也和当地人一起吃，那么既可以消解压力，也能缓解孤独感，还可以吃上各种各样的菜肴，营养也会变得均衡。

对于孩子来说，如果一个地方的大人越来越熟悉，他们的安全性也会提高。通过认识不同的大人，那么就有望培养出他们的社会性意识来，难道不是吗？人们还出现了这样的价值观变化：不想自己孤独生活，不想只在一个家庭内闭塞生活，而是想在更多地方打开自己和家庭的大门。

**参考文献**

MONIC 编著：《Tokyo Totem 主观的东京向导》，Flick Studio，2015 年。

# 把商业街变成共享街

商业街的关门歇业已然成为一大难题，并且已经持续了很久。

在"激活商业街"和"激活中心市区"的名义下，政府采取了很多施政措施，如整顿人行道、清洁商业拱廊、举办活动等。但是，却没有听闻商业街因此而恢复人气、增加客流量。

商业街这个名字原本就挺奇怪的。我认为，既然叫商业街，就要有商店和买卖。那么，所谓激活商业街，意思就应该是增加商店的销售额。

但是，从消费者的立场来看，到郊区的大型购物中心去买东西，会更方便，品种更丰富，也有最新的商品，怎么也不会回到商业街来的。另外，今后网购还会得到进一步发展，不久无人机会把商品直接空运过来。

这样一来，就越来越不需要只是摆着东西卖的商店了。很明显也不需要成排商店的商业街了。

我对商业街上的店主几乎没什么感情。但是，因为从小时候到高中，我常常步行在商业街上，然后扎到某家书店和唱片店，一待就是大半天。所以，我并不认为就此废弃掉商业街就是好事，我之前还写过《重建商业街计划》之类的书。

但是，我在这里说的"重建"，不是说把一排排商店的商业街推倒重建。这些街道好不容易才有了自己的历史，还充满市民的回忆，银行和邮局等公共机构也很齐全，就此衰退下去，实在可惜。所以我认为，应该把它改造一下，以便符合今后时代的需要。

总之，一排排商店的商业街已经落后于时代了。不过，我们还是可以把当今时代需要的"事"引到商业街里来做。

例如，如果托儿所不够，就可以在商业街上建造托儿所；如果公园和体育设施不足，可以把商业街上的空地改造成公园、小型足球场，或者遛狗区域（Dog Run）等。建设这样一个人员聚集的场所很重要，这样一来，有的人会买饮品，孩子们会买点心，一个家庭也会在这里吃饭。结果人们也会买很多东西吧。

我在刚才提到的《重建商业街计划》这本书中，写过我的一个建议：如果郊区的大学因为少子化招不来学生，中心市区的商业街又有很多空置的店铺，那么利用负负得正的思考方式，我们完全可以把空置的店铺充当大学。

听说读过此书的店主向编辑部打来电话，发火道："别开玩笑了！"可我并不是开玩笑，反而认为靠卖东西就能让店铺永存的人才更搞笑。这样的人净是想着提高自己商店的销售额，而不是想着要去真正地激活商业街，不是吗？

实际上，我在书中提到过很多次，位于北九州市和东京丰岛区的"家守舍"做的正是这方面的努力。在商业街上引入当今时代需求的事物，如设立大学研究室、开设托儿机构、设置共享办公室和宾馆、开办真正美味的餐饮店等，正在激活那条商业街。

换言之，就是大学和商业街共享，托儿所和商业街共享，办公室和商业街共享，把商业街变成**共享街**。重要的是，这里不再是商店，而是一条街。

位于西武池袋线椎名町车站附近的"SHEENA AND IPPEI"，由一家名叫"一平"的炸猪排店"翻新"而成，炸猪排店本身变成了咖啡店，2 楼则是宾馆。在咖啡店可带外食，附近有很多家好吃的熟食店，附近的人都会带着熟食到这家咖啡店来吃。另外，店里还放着缝纫机，家里没有缝纫机的人，只要有需要就可以过来使用。

位于东急目黑线武藏小山车站附近的"食堂公寓"是一个新建筑，1 楼是餐饮店，2 楼和 3 楼是出租房，地下是共享办公室。也有人把出租房当做集住宿于一体的办公室来使用。房东的意图是建一个公寓，不仅要增加住户，还要增加白天在这里工作的人。由此，增加在武藏小山吃午饭、下班吃饭的人，产生区域性的繁荣、新的人际关系和社区，这种改变真是值得期待。

虽然不是商业街，但是在之前介绍的 **SHARE 金泽**，人们把残疾人用的小型足球场用作了附近小学上体育课的地方。

要想有效利用商业街这一城市资产，就不要把增加商店的销售额作为第一考虑要素，而是要首先去寻求如何把它作为一条街改造成符合当今时代人们需求的地方。此时，它和**社区便利点**或**社区流动公车**联动起来，也是极有可能的吧。

**参考文献**

嶋田洋平：《自己创造想要的生活：建造我们的翻新街区》[1]，日经BP社，2015年。

---

① 日文名是"ほしい暮らしは自分でつくる ぼくらのリノベーションまちづくり"。——译者注

# 社区便利点

让全国无处不在的便利店和区域更加紧密地结合在一起，以促进当地居民之间交流，转变为对形成社区有贡献的状态，会怎么样呢？——这是我在创造"社区便利点"这个词时的提议（参考三浦展《东京将从郊区开始消失！》）。

我们要建造的不是全国统一的便利店（Convenience Store），而应该是满足每个地区特定需求的社区便利点（Community-convenience Place）。

要把社区便利点设在住宅区或普通商业街里，以方便老年人，而不是建造在车站前或繁华街。特别是要建造一个居民在闲暇时可以轻松愉快地聚在一起的场所，当然也会有人前来购物。不仅如此，它还会在无意中成为大家喜欢待着的地方。再有一个小型的公园，放上几把椅子就更好了。如果有桌子，大家还可以带来吃的东西。

　　另外，社区便利点不仅要卖东西，还有必要成为提供服务的场所。也有人可能会说，以前在便利店，不是提供过送货上门、受理清洗、代付各种税和水电费、代收传真文件和车票等多种服务吗？但是，那些服务基本上都是消费者的个人行为，只和营业员产生事务性的关系，与在自动贩卖机上买东西几乎没分别。而社区便利点的服务更加注重享受人与人之间的交流。

　　因此，在社区便利点同时设有简易的餐饮场所，如前所述，它等同于单身人士能够随意前往的区域性餐饮店或者简易的套餐店，晚上还可以喝点酒，这对总是一个人吃饭的人来说可方便多了。如果市民能把这些饮食店经营成社区餐馆就更好了。附近的居民轮流过来做饭，大家聚在一起吃饭。晚上还可以变成居民的**社区酒吧**，在市中心要花 2500 日元的苏格兰威士忌，在这里只要 500 日元就能喝上，会很开心吧。

　　然后还要有便利屋 ①，便利店原本就是便利屋的意思，我所说的不仅是商品便利屋，还是服务便利屋，服务才是最需要

---

　　① 便利屋：与便利店不同，是指提供送货、修理等业务的人或店铺。——译者注

的。人上了年纪，换个灯泡、打扫个卫生都要费一把力气，更不要说搬重物、布置房间了，根本做不来。如果能把包括家务活在内的日常生活的全部需求，随时拜托给社区便利点里的便利屋，那就太方便了。

另外，如果社区便利点同时有场所提供按摩服务，还能帮助网上预约看病就更好了。理发店、美容院等也可以前来助阵。除了设置文化学校，还可以开设瑜伽学校，这样就能提高居民的智力和体力。

我所认为的社区便利点，从讨论角度基本接近于**共同生活区域**这个说法，就像在家里有个客厅，家里人在这里一起喝喝茶、说说话、打打牌、看看电视一样，社区便利点就是想在社区为居民创造一个聚到一起喝茶聊天的场所。

不仅要建成消费的场所，还要建造成一个有生活场所意义的客厅，一个既能工作又能学习的讲习所。即，创建"人类的居所"（参照三浦展《人类的居所》）。

这样的社区便利点，作为新兴事业发展地，可以把便利店、便利屋、外卖、在外就餐、家电、住房、洗涤剂、家庭用品、家政服务、健康等相关的各种行业开展成新兴事业。当然，还可以是 NPO 或市民经营的社区商业。

这样一来，社区便利点，不仅能买东西，更可以成为获得生活所需的最低限度服务的据点，是居民聚在一起放松的场所，社区的中心。社区的质量也会由此得到提高（**→新邻里关系**）。

近年来，也很盛行儿童食堂之类的活动。最初由民间主导，是为贫困家庭和孤儿提供饭菜，让他们安心生活的场所，但是最近其对象不再限定为贫困家庭的食堂正在增多。

社区便利点的建筑，最好用翻建后的住宅和商店。特别是在住宅区，建造成像平常的便利店那样的建筑，在景观上并不好看。最理想的做法，是借来或者买下空置房或空置店铺。另外，如果把住宅和商店拆除后的空地用作小公园、市民农场或遛狗区域之类的场所就更好了（**→共享街区**）。

如今，大企业也开始建造社区便利点了。

例如，在松下旗下的 Eco Solutions 公司，从 2015 年就开始了"专业居家"的商业活动，以此解决与住房相关的各种问题。比如，帮助解决生活中的小麻烦，如"水龙头漏水""排水管有臭味""插座不够""想在室内晾衣服""想要个小架子""关不严门""门滑轮坏了""结露严重"，等等。

2015年度，该公司在东京都和神奈川县共设了6个点，计划三年后会扩张到190个点。

"专业居家"获得过松下公司每年为公司内优秀的新商业创意颁发的"Wonder奖"。我也是这个奖的评委之一，"专业居家的"确实受到了评委们的绝对性支持。

另外，朝日新闻社在2016年4月，与承包公寓和居民楼管理业务的风险企业Axis Motion股份公司在业务和资金上展开合作，由负责销售报纸的《朝日新闻》ASA（Service Anchor）牵头，开始了公寓和居民楼的管理支持业务。在派送报纸业务之余，顺便检查公寓中的空房间和公共空间，并使用Axis Motion开发的、通过智能手机主导的报告系统"PM辅助功能"，还可以向房地产管理公司报告，进行简单的清扫卫生等。

我在书中写到社区便利点这个想法后，东京的一家报纸经销商找我商量：看看能不能把报纸销售点改造成社区便利点。

报纸销售点掌握着一个区域内很多家庭的名称和地点，甚至还可以根据具体情况辨识当地居民的相貌。因为拥有这些经营资源，所以我告诉他们和社区便利点的要求完全匹配，建议他们一定要坚持做下去。另外，我还在做报纸夹页广告的企业作演讲时说过，建议他们也这样做。最终，都实现了。

另外，和报纸销售点一样，快递公司也知道某区域内很多家庭的名称和地点，甚至根据情况还知道当地居民的相貌等，所以也特别做成社区便利点。黑猫雅玛多的雅玛多控股公司和UR（Urban Renaissance）、多摩市合作，在多摩新城的两个住宅区开设了生活支持服务点"黑猫支援"，开始做面向居民的代购和家务支援服务。

代购是指，"黑猫支援"通过电话和网站接受商品订单，代替居民买东西，通过电话、网络接受商品的订单，汇总起来后在附近的生协（生活协同组合，消费合作社）"Coop Mirai"购买，再配送到各家各户的行为。每件商品的手续费是20日元。家务支援1次1500日元，吸尘器除尘、洗碗，或更换电灯等，每次可以承办一两种工作。

这样一来，民营企业也在开展社区便利点之类的新业务。

今后还会有更多的企业加入，社区便利点会进一步增加。

**补记**

便利店的确开始了社区便利点之类的活动。便利店大企业 7-ELEVEn、全家（Family Mart）和罗森（LAWSON）已经决定要把 UR 城市机构管理的住宅区空置店铺改造成分店。

据说，在 UR 的全日本的 1664 个住宅区（74 万户）中，老年人约占四成，每年约有 200 位居民孤独终老。所以，UR 正在以首都圈和近畿圈为中心的住宅区招商引资，招揽他们在住宅区的空置店铺开设便利店。据说今后预计要在全国开设 100 家左右。

除了增加小份的饭菜等老年人喜欢的食品和日用品外，便利店还承接代购、清扫房间、修理等业务。据说每家店铺都在研讨：有些店铺策划了广播体操等促进居民交流的活动；有些店铺把店内的闲置空间开放供人聚会用；还有些店铺在住宅区管理人员不在的周六周日或夜里，让店员开设紧急窗口。这的的确确成了便利屋啊。

（《朝日新闻》数字广播 2016 年 7 月 5 日）

# 社区流动公车

为社区服务，并自然地使社区居民之间产生交流的交通工具就是社区流动公车①。这是我在本书中第一次提出的概念，指的是什么呢？

我们将第四消费图式应用到汽车等交通工具中来看，就像存在私家车这个单词那样，汽车曾经和住宅一样，都是自己独享的最大私有财产之一。

但是现在，不需要汽车的年轻人在增加，他们被称为**无车一族**。汽车价格高昂，还需要保养费，对于工资较低，且今后也不太可能有所增加的年轻人来说，买私家车一开始就不在他们的考虑范围之内。

取得驾照的年轻人也在减少。考了驾照也不买车，不怎么

---

① 社区流动公车：日语是"コモビリティ"，英文写作"Co-mobility"，是日本自造的和制英语，为"Community Mobility Bus"的缩写。——译者注

开车，即使开车也只是在必要的时候租车，或者向朋友借，又或者使用共享汽车。也有买了公寓就能实现汽车共享的情况。因为现如今是一个买车和买房难以兼得的时代。

那么，今后租车和汽车共享的情况会一味地增加吗？恐怕会增加，但只是这样还不够。首要原因在于老年人。

到了 75 岁左右被吊销驾照的人在不断变多。吊销驾照后也不能租用和驾驶共享汽车了。那么，说到乘坐电车、公交车和出租车，在东京和大阪还好，但如果是"地方"的话，电车和公交车都不方便。往返班次少，而出租车当然很费钱。

那么如何是好呢？一个解决方案是社区巴士（Community Bus）。东京武藏野市的 Mu-bus（Move Bus）作为全国首创，小型巴士在没有公交线路的住宅区穿梭。在这些住宅区住着很多不能开车的老年人，对他们来说是相当便利的。车费也低至 100 日元。

但是，只有这些就足够了吗？社区巴士总是按照固定的线路走，在固定的站点停，所以对于腿脚不好的老年人来说还是不够方便。而且，站点没有顶棚，下雨的日子就更麻烦了。然而出租车的价钱又很高。所以，如果有能开到家门口的公交车就最好了。

我说的不是那种大多数人坐的不知道什么时候到的巴士，而是特定的一部分人预约之后会到家门口接送的公交车，并且还能方便搭载轮椅和儿童手推车。如果有这样最少能坐 7 个人的迷你面包车——社区流动公车，会相当方便的。

比如，把某条街上使用社区流动公车的会员集中起来，会员只限于每个月最少乘坐社区流动公车往返 10 次的人。如果有 100 个这样的会员，就能确保至少有 1000 次的往返次数。虽然 1 次往返的费用比社区巴士贵，但是如果 1 次比出租车便宜 500 日元，那么 1000 次就能比出租车便宜 50 万日元。这样就保证了最低的人工费和其他开支。我是这样想的。

这种社区流动公车如果只是开到预约的会员家门口，让住在附近的人一起乘坐，就太可惜了。还一定要在主要的医院、托儿所、幼儿园和商业中心停车。如此一来，能从商业中心获得运营资金就更好了。

社区流动公车运行顺利的话，就会得到进一步发展。以特定的站点为中心，建立社区流动公车车站，不只是用来方便上下车，而是把那里打造成人与人能交流的场所。建设一个场所，有咖啡馆、长椅、小公园、草坪和喷泉，还可以把商业中心、图书馆和公民馆等公共设施前的广场或者公园好好利用起来，也就是说，通过乘坐社区流动公车，建立一个促进居民间交流的场所。

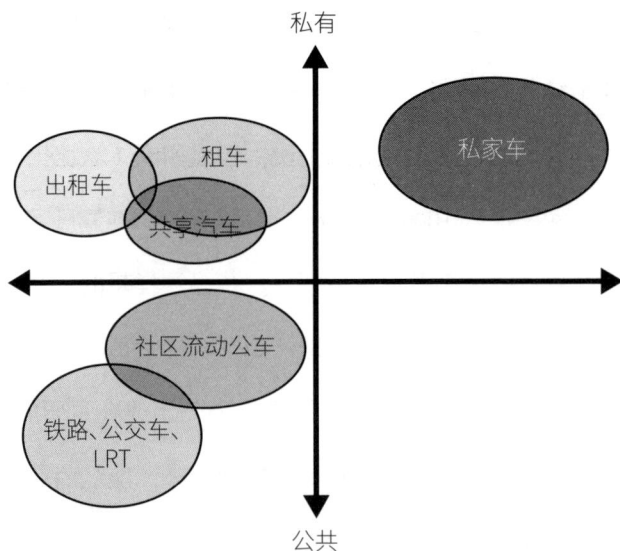

**从"公共 – 私有""使用 – 拥有"看各种交通工具的定位**

人们步行、骑自行车、开车聚集到这里来，开车来的人在这里换骑自行车或步行上街。另外，如果设计出能让坐轮椅的人直接乘坐的箱车（Van），那么坐轮椅、电动推车的老年人和残疾人也会聚集到这里，到商业中心依然可以坐着轮椅购物。

埼玉县的越谷有一家大型购物中心。顾客步行的通道宽达 10 米，天花板也高达 4 米。为什么这么大呢？我想大概是供车辆行驶的吧。美国机场就有很多供残疾人乘坐的电动汽车。

购物中心让购物的残疾人和老年人乘坐社区流动公车的日子也不远了吧。进一步说，乘坐社区流动公车从购物中心附近的住宅区直接进到购物中心，也是可以实现的。

坐轮椅的人开车到购物中心的停车场，再换乘购物中心内部的车，很麻烦。还是从家里坐社区流动公车，直接进到购物中心买东西更方便。

另外，几个邻居一起乘坐社区流动公车的话，就可能发生这样的事：三浦来买灯泡，铃木来买手表，佐藤来买西服。于是，三浦也有可能会说，"那我也看看手表，买件衣服吧"。也就是说，人们在社区流动公车上会产生交流，生成刺激，增加快乐，当然也能促进消费。

如上所述，使居民在社区中方便、快乐、舒适地生活，促进居民间的交流，形成团体的交通系统，就是这个社区流动公车。

图字：01-2018-2906号

《MAINICHI ONAJI FUKU WO KIRU NO GA OSHARENA JIDAI》
© Atsushi MIURA 2016
All rights reserved.
Original Japanese edition published by Kobunsha Co., Ltd.
Publishing rights for Simplified Chinese character arranged with Kobunsha Co., Ltd.
through KODANSHA BEIJING CULTURE LTD. Beijing.

**图书在版编目（CIP）数据**

逃离消费主义：极简主义者的崛起 /（日）三浦展 著；陶小军，张永亮 译 . —北京：
东方出版社，2024.7
ISBN 978-7-5207-3903-0

Ⅰ.①逃⋯   Ⅱ.①三⋯ ②陶⋯ ③张⋯   Ⅲ.①生活方式—通俗读物   Ⅳ.① C913.3-49

中国国家版本馆 CIP 数据核字（2024）第 066415 号

**逃离消费主义：极简主义者的崛起**
（TAOLI XIAOFEI ZHUYI: JIJIAN ZHUYI ZHE DE JUEQI）

----------------------------------------------------------------------

作　　者：[日]三浦展
译　　者：陶小军　张永亮
策划编辑：袁　园
责任编辑：于旻欣　李　烨
责任审校：曾庆全
出　　版：东方出版社
发　　行：人民东方出版传媒有限公司
地　　址：北京市东城区朝阳门内大街 166 号
邮　　编：100010
印　　刷：北京联兴盛业印刷股份有限公司
版　　次：2024 年 7 月第 1 版
印　　次：2024 年 7 月第 1 次印刷
开　　本：880 毫米 ×1230 毫米　1/32
印　　张：6.75
字　　数：114 千字
书　　号：ISBN 978-7-5207-3903-0
定　　价：65.00 元
发行电话：（010）85924663　85924644　85924641

----------------------------------------------------------------------

插　　图：CHINO A

图表制作：DEMAND